21世纪高等院校汽车类创新型应用人才培养规划教材

汽车电器与电子设备

主　编　唐文初　张春花
副主编　张明容　袁　敏

内 容 简 介

本书主要介绍汽车电器与电子设备的结构、工作原理及故障的维修等知识。具体内容包括蓄电池，发电机与调节器，起动机，传统点火系统与电子点火系统，照明、信号系统，仪表及指示灯系统，汽车辅助装置，汽车电气设备线路，汽车多媒体系统。有些章节附有课外阅读材料，介绍了汽车电路检修、汽车空调除雾等实用性很强的知识。

本书内容精简实用、图文并茂，既可作为本科汽车类专业教材和高等职业技术学院汽车类专业教材，也可作为汽车行业工程技术人员及驾驶人的参考书。

图书在版编目(CIP)数据

汽车电器与电子设备/唐文初，张春花主编. —北京：北京大学出版社，2015.2
(21世纪高等院校汽车类创新型应用人才培养规划教材)
ISBN 978-7-301-25295-6

Ⅰ. ①汽… Ⅱ. ①唐… ②张… Ⅲ. ①汽车—电气设备—高等学校—教材②汽车—电子设备—高等学校—教材 Ⅳ. ①U463.6

中国版本图书馆 CIP 数据核字(2015)第 001278 号

书　　　名	汽车电器与电子设备
著作责任者	唐文初　张春花　主编
策 划 编 辑	童君鑫
责 任 编 辑	黄红珍
标 准 书 号	ISBN 978-7-301-25295-6
出 版 发 行	北京大学出版社
地　　　址	北京市海淀区成府路 205 号　100871
网　　　址	http://www.pup.cn　新浪微博：@北京大学出版社
电 子 信 箱	pup_6@163.com
电　　　话	邮购部 010-62752015　发行部 010-62750672　编辑部 010-62750667
印 刷 者	北京虎彩文化传播有限公司
经 销 者	新华书店
	787 毫米×1092 毫米　16 开本　11 印张　252 千字
	2015 年 2 月第 1 版　2022 年 8 月第 5 次印刷
定　　　价	34.00 元

未经许可，不得以任何方式复制或抄袭本书之部分或全部内容。
版权所有，侵权必究
举报电话：010-62752024　电子信箱：fd@pup.pku.edu.cn
图书如有印装质量问题，请与出版部联系，电话：010-62756370

前　言

我国汽车工业在改革开放后迅猛发展，2009 年汽车产量为 1379 万辆，跃居世界第一位，2012 年我国实现汽车产销双超 1900 万辆，2013 年我国汽车产销量达 2211 万辆和 2198 万辆，再创历史新高，连续 5 年蝉联全球第一。与产销量大好形势相比，2013 年我国汽车整车出口量却出现下降，出口汽车只有 97.73 万辆，比 2012 年下降 7.5%。在国内，2013 年我国品牌乘用车销售 722.20 万辆，虽比 2012 年增长 11.4%，但只占乘用车销售总量的 40.3%，占有率比 2012 年下降 1.6%，继续呈现下降趋势。造成上述情况的主要原因是我国汽车生产技术根底浅、创新不足，尤其是汽车电器与电控技术落后。为适应汽车工业发展的这种需要，本书编写内容除突出反映汽车电器新知识、新技术的应用外，还从设计角度介绍电路的工作原理，力求弥补目前教材在这方面的不足。

本书语言通俗易懂，内容精简实用、图文并茂，理论与实践相结合，主要阐述了汽车电器的结构、工作原理与检测维修知识。为便于读者理解和掌握相关知识，每章都有学习目标和教学要点，并精心设计了导入案例，正文中穿插了集知识性、趣味性、实用性于一体的阅读材料，这样极大地激发了读者的学习兴趣。

本书由唐文初、张春花担任主编，张明容、袁敏担任副主编。具体的编写分工：第 1、3、5 章由张春花编写；第 2、4 章由唐文初编写；第 6~8 章由张明容编写；第 9 章由袁敏编写，全书由张春花统稿。在本书的编写过程中，我们参考了大量的已出版的相关图书和文献资料以及汽车网的资源，在此一并表示衷心的感谢。

由于编者水平有限，书中的疏漏之处在所难免。希望读者对全书内容提出宝贵意见和建议，以便修订时予以纠正。

编　者
2014 年 11 月

目　　录

第 1 章　蓄电池 …………………………… 1
 1.1　蓄电池的构造及工作原理 ………… 3
  1.1.1　极板与极板组 ………………… 4
  1.1.2　隔板 …………………………… 4
  1.1.3　电解液 ………………………… 4
  1.1.4　壳体及其他 …………………… 4
  1.1.5　蓄电池的型号 ………………… 5
  1.1.6　蓄电池的工作原理 …………… 6
 1.2　蓄电池的工作特性及使用与
   维护 ……………………………… 8
  1.2.1　蓄电池的工作特性 …………… 8
  1.2.2　蓄电池的使用与维护 ………… 12
 1.3　新型蓄电池 …………………………… 16
  1.3.1　镍氢电池 ……………………… 16
  1.3.2　锂离子电池 …………………… 16
  1.3.3　铁电池 ………………………… 18
  1.3.4　燃料电池 ……………………… 19
 习题 …………………………………………… 20

第 2 章　发电机与调节器 ………………… 22
 2.1　发电机的构造 ………………………… 23
  2.1.1　转子 …………………………… 24
  2.1.2　定子 …………………………… 24
  2.1.3　整流器 ………………………… 24
  2.1.4　端盖与电刷总成 ……………… 26
  2.1.5　国产交流发电机的型号 ……… 26
 2.2　发电机的工作原理 …………………… 27
  2.2.1　交流发电机的工作原理 ……… 27
  2.2.2　整流原理 ……………………… 27
  2.2.3　励磁方式 ……………………… 28
  2.2.4　发电机的输出电压 …………… 28
  2.2.5　交流发电机的工作特性 ……… 28
 2.3　发电机调节器 ………………………… 29
  2.3.1　触点电压调节器 ……………… 29
  2.3.2　晶体管调节器工作原理 ……… 30
  2.3.3　集成电路调节器 ……………… 32
  2.3.4　其他类型发电机 ……………… 35
  2.3.5　发电机充电指示灯控制
    电路 …………………………… 36
 2.4　发电机及调节器的使用与维修 ……… 37
  2.4.1　使用与维护操作注意
    事项 …………………………… 37
  2.4.2　发电机及调节器常见
    故障及故障诊断 ……………… 38
  2.4.3　电源电路实例分析 …………… 39
 习题 …………………………………………… 40

第 3 章　起动机 …………………………… 42
 3.1　概述 …………………………………… 43
  3.1.1　起动系统的组成 ……………… 43
  3.1.2　起动机的类型 ………………… 44
 3.2　起动机的组成与工作原理 …………… 46
  3.2.1　直流电动机 …………………… 47
  3.2.2　传动机构 ……………………… 50
  3.2.3　电磁开关 ……………………… 52
 3.3　起动机控制电路 ……………………… 53
  3.3.1　起动开关直接控制的
    起动电路 ……………………… 53
  3.3.2　带起动继电器的起动
    电路 …………………………… 54
  3.3.3　具有驱动保护功能的
    起动电路 ……………………… 55
 3.4　起动机的使用与故障诊断 …………… 57
  3.4.1　起动机使用过程
    注意事项 ……………………… 57
  3.4.2　起动机部件的检修 …………… 59
  3.4.3　起动系统常见故障
    诊断及实例分析 ……………… 59

习题 ………………………………………… 61

第4章 传统点火系统与电子点火系统 … 63

4.1 概述 ………………………………… 64
4.2 传统点火系统 ……………………… 65
4.2.1 传统点火系统的组成 ……… 65
4.2.2 各组成的作用 ……………… 65
4.2.3 传统点火系统的基本工作原理 ………………… 66
4.2.4 传统点火系统的部件结构 ………………………… 68
4.2.5 传统触点式点火系统的工作特性 ………………… 74
4.2.6 传统点火系统的实例分析 ………………………… 75
4.3 电子点火系统 ……………………… 76
4.3.1 电子点火系统分类 ………… 76
4.3.2 磁感应电子点火器的工作原理 ………………… 76
4.3.3 霍尔效应式电子点火系统 ………………………… 79
4.4 点火系统的维修 …………………… 83
4.4.1 点火系统的保养维护 ……… 83
4.4.2 点火系统故障分析 ………… 83
4.4.3 点火正时 …………………… 85
4.4.4 电子点火系统主要部件的检修 ………………… 85
习题 ………………………………………… 89

第5章 照明、信号系统 …………………… 90

5.1 照明系统 …………………………… 91
5.2 闪光继电器 ………………………… 100
5.2.1 电容式闪光器 ……………… 100
5.2.2 电热式闪光器 ……………… 101
5.2.3 电子式闪光器 ……………… 102
5.3 电喇叭与倒车警告装置 …………… 104
5.3.1 电喇叭 ……………………… 104
5.3.2 倒车警告装置 ……………… 106
5.4 汽车照明、信号电路与故障检修 ……………………………… 108
5.4.1 照明系统的故障诊断 ……… 108
5.4.2 信号系统的故障诊断 ……… 110
习题 ………………………………………… 112

第6章 仪表及指示灯系统 ………………… 113

6.1 概述 ………………………………… 114
6.2 充电表及指示灯系统 ……………… 115
6.2.1 电流表 ……………………… 115
6.2.2 电压表 ……………………… 116
6.2.3 充电指示灯 ………………… 116
6.3 机油压力表及指示灯 ……………… 117
6.3.1 机油压力表 ………………… 118
6.3.2 机油压力指示灯 …………… 119
6.4 冷却液温度表及指示灯 …………… 119
6.4.1 冷却液温度表 ……………… 119
6.4.2 冷却液温度指示灯 ………… 121
6.5 燃油表及指示灯 …………………… 121
6.5.1 燃油表 ……………………… 121
6.5.2 燃油指示灯 ………………… 122
6.6 车速里程表 ………………………… 123
6.6.1 机械式车速里程表 ………… 123
6.6.2 电子式车速里程表 ………… 124
6.7 发动机转速表 ……………………… 124
习题 ………………………………………… 126

第7章 汽车辅助装置 ……………………… 128

7.1 风窗玻璃清洗装置 ………………… 129
7.1.1 电动刮水器 ………………… 129
7.1.2 风窗玻璃洗涤器 …………… 131
7.1.3 风窗玻璃除霜装置 ………… 132
7.2 电动辅助装置 ……………………… 133
7.2.1 电动车窗 …………………… 133
7.2.2 电动座椅 …………………… 135
7.2.3 电动门锁 …………………… 138
7.2.4 电动后视镜 ………………… 140
习题 ………………………………………… 141

第8章 汽车电气设备线路 ………………… 142

8.1 汽车电气设备线路的特点 ………… 143

8.2 常用汽车线路电气元件……………… 144
 8.2.1 开关……………………… 144
 8.2.2 保险装置………………… 144
 8.2.3 继电器…………………… 145
 8.2.4 导线……………………… 146
 8.2.5 线束……………………… 147
 8.2.6 插接器…………………… 148
8.3 汽车电路图………………………… 148
 8.3.1 汽车整车电路的组成…… 148
 8.3.2 汽车电路图的分类……… 149
 8.3.3 汽车电路图的分析……… 152
习题………………………………………… 155

第9章 汽车多媒体系统 …………… 156

9.1 汽车导航系统……………………… 157
 9.1.1 汽车导航系统的功能…………………………… 157
 9.1.2 汽车电子导航系统的组成与原理……………… 157
9.2 汽车音响娱乐系统………………… 160
 9.2.1 汽车音响系统的工作原理…………………………… 160
 9.2.2 收音机及天线…………… 160
 9.2.3 CD/VCD/DVD ………… 163
 9.2.4 MP3 ……………………… 164
 9.2.5 功率放大器……………… 164
 9.2.6 扬声器…………………… 164
习题………………………………………… 166

参考文献 ……………………………… 167

第 1 章 蓄 电 池

本章学习目标

了解蓄电池的作用及要求；
掌握蓄电池的组成、工作原理；
掌握蓄电池的工作特性；
掌握蓄电池的使用与维护。

本章教学要点

知识要点	能力要求	相关知识
蓄电池的作用及要求	掌握汽车电源的组成、作用、要求	蓄电池和发电机组成汽车电源
蓄电池的组成与工作原理	掌握蓄电池的组成、工作原理	蓄电池充电过程和放电过程
蓄电池的工作特性	掌握蓄电池的充放电特性	蓄电池充电终了和放电终了特征
蓄电池的容量	掌握蓄电池容量的概念及影响因素	放电电流、极板构造、电解液温度
蓄电池的使用与维护	掌握蓄电池的正确使用及维护方法	极板硫化、自放电、活性物质早期脱落
新型蓄电池的工作原理	了解新型蓄电池的工作原理	钠硫电池、燃料电池

汽车电器与电子设备

导入案例

说起原电池的发明，有一段有趣的故事。1786年，著名的意大利医师、生物学家伽伐尼，偶然发现挂在窗前铁栅栏的铜钩上的青蛙腿肌肉，每当碰到铁栅栏就猛烈地收缩一次。这偶然的现象并没有被伽伐尼放过，经不懈的探索和思考，第一个提出了"动物电"的见解。他认为：青蛙神经和肌肉是两种不同的组织，带有相反电荷，所以两者存在着电位差，一旦用导电材料将两者接通，就有电流通过，铁栅栏和铜钩在此接通了电路，于是有电流产生，由于有动物电流的刺激，蛙腿肌肉发生收缩。

图1.01 伏特

"动物电"的发现引起了意大利物理学家伏特（图1.01）的极大兴趣，他在多次重复伽伐尼的"动物电"实验时，发现实验成败的关键在于其中的两种金属——铁和铜，若把钩着蛙腿的铜钩换成铁钩，肌肉就不会收缩。他认为"动物电"的实质是金属属性不同造成的，不同金属带有不同的电量，它们之间必然存在电位差，若有导线在中间连接，就会产生电流，蛙腿的收缩正是这种原因产生的电流刺激的结果。

为了证明自己的发现是正确的，伏特决定更深入地了解电的来源。一天，他拿出一块锡片和一枚银币，把这两种金属放在自己的舌头上，然后叫助手用金属导线把它们连接起来，霎时，他感到满嘴的酸味儿。接着，他将银币和锡片交换了位置，当助手将金属导线接通的一瞬间，伏特感到满嘴的咸味。

这些实验证明，两种金属在一定的条件下就能产生电流。伏特想，只要能把这种电流引出来，就能大有作用。伏特经过反复实验，终于发明了被后人称作"伏特电堆"的电池，这就是在铜板和锌板中间夹上卡纸和用盐水浸过的布片，一层一层堆起来的蓄电池。这种电池，今天仍然在使用着。

蓄电池和发电机这两个电源并联共同构成汽车电源系统。蓄电池的主要作用是在起动发动机时，向起动机和点火系统供电；在发电机电压低或不发电时向用电设备供电；当同时启用的车载用电设备功率超过了发电机的额定功率时，协助发电机供电。蓄电池存电不足时，发电机负载不多时，发电机对其进行充电。蓄电池相当于一个容量很大的电容器，在发电机转速和用电负载发生较大的变化时，可保持汽车电网电压的相对稳定，还可吸收电路中随时出现的瞬时过电压，以保护用电设备尤其是电子元器件不被损坏。

蓄电池用作发动机的起动电源，需要在短时间内(3～5s)向起动机提供大电流(汽油发动机一般为200～600A，大型柴油发动机可达1000A)，因此，要求其容量大、内阻小、电压输出稳定，以确保具有良好的起动性能。

1.1 蓄电池的构造及工作原理

蓄电池（俗称电瓶）是一个可逆的低压直流电源，即能将电能转化为化学能储存，也能通过其内部的化学反应向用电设备供电。蓄电池主要分为普通蓄电池、干荷蓄电池和免维护蓄电池三类。其中在乘用车上使用的蓄电池基本是普通蓄电池与免维护蓄电池这两类。目前市场上销售的大部分车型都采用了免维护蓄电池，而多数日系车，甚至包括雷克萨斯和英菲尼迪等这些高档日系车也都采用普通蓄电池。普通铅酸蓄电池（图1.1）成本较低，需要定期添加蒸馏水、补充电解液进行保养，以保证正常使用，在蓄电池顶端有凸出可拧开的补液口。免维护蓄电池（图1.2）日常不需要添加补充液进行维护，使用起来更方便。和普通蓄电池相比，免维护蓄电池电解液的消耗量非常小，在使用寿命内基本不需要补充蒸馏水。它还具有耐震、耐高温、体积小、自放电小的特点。当然相对的，它的售价也会比普通蓄电池要高。至于使用寿命，正常情况下免维护蓄电池的建议更换周期为3年左右，与普通蓄电池相当。

图1.1　普通铅酸蓄电池

图1.2　免维护蓄电池

铅酸蓄电池的基本结构如图1.3所示。

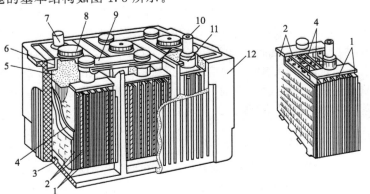

图1.3　铅酸蓄电池的基本结构

1—正极板；2—负极板；3—肋条；4—隔板；5—护板；6—封料；
7—负极柱；8—加液口盖；9—连条；10—正极板；11—极柱衬套；12—蓄电池容器

1.1.1 极板与极板组

正极板的活性物质是二氧化铅（PbO_2），负极板上的活性物质是纯铅（Pb），它们均由铅膏（铅粉、稀硫酸及少量添加剂的混合物）填充在用铅锑合金铸成的栅架上，经加工处理而成。在充足电状态下，正极板呈深棕色，负极板呈深灰色。

将一片正极板和一片负极板浸入电解液中，便可得到2V左右的电压。为了增大蓄电池的容量，将多片正极板和负极板各自用横板焊接并联起来，组成正极板组[图1.4(a)]和负极板组[图1.4(b)]。将正、负极板相互嵌合（中间用隔板隔开）的极板组[图1.4(c)]置于存有电解液的容器中，就构成了单格电池，单格电池的标称电压为2V，一个12V的蓄电池由6个单格电池串联而成。

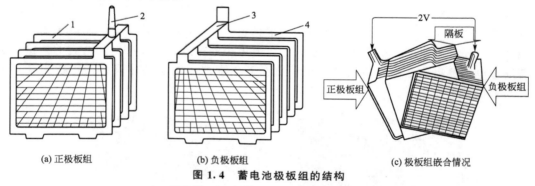

图1.4 蓄电池极板组的结构
1—正极板；2—极柱；3—汇流条；4—负极板

正极板上的活性物质比较疏松，若单面放电，容易造成极板拱曲而使活性物质脱落。因此，每个单格电池的正极板比负极板少一片，使每片正极板都置于两片负极板之间，使其两面的放电均匀而不容易拱曲。

1.1.2 隔板

正、负极板应尽可能靠近，以减小蓄电池内阻和尺寸。隔板的功用是将正、负极板隔开，防止相邻正、负极板接触而短路。隔板应具有多孔性，以便电解液渗透，还应具有良好的耐酸性和抗氧化性。隔板材料有木质、微孔橡胶和微孔塑料等。木质隔板耐酸性能差，在硫酸作用下容易炭化和变脆，且消耗木材不符合保护环境的时代发展潮流，因此已不再使用。微孔橡胶和微孔塑料隔板耐酸、耐高温性能好，使用寿命长，且成本低，因此目前广泛使用。

安装有沟槽的隔板时，带槽的一面应面向正极板，且沟槽必须与壳体底部垂直。因为正极板在充、放电过程中的化学反应剧烈，沟槽能使电解液上下流通，也能使气泡沿槽上升，还能使脱落的活性物质沿槽下沉。

1.1.3 电解液

电解液可使极板上的活性物质发生溶解和电离，产生电化学反应。电解液由纯净的硫酸与蒸馏水按一定的比例配制而成，其密度一般为$1.24\sim1.30g/cm^3$，南方地区低一些，北方地区高一些。

1.1.4 壳体及其他

壳体用于盛放电解液和极板组，蓄电池壳体由电池槽和电池盖两部分组成，壳内用间壁分成 3 个或 6 个互不相通的单格，底部的突棱用以搁置极板组，突棱间的凹槽则可积存从极板上脱落下的活性物质，以避免沉积的活性物质连接正、负极板而造成短路。对于采用袋式隔板的免维护蓄电池，因为脱落的活性物质存积在袋内，所以没有设突棱。

蓄电池壳体应耐酸、耐热、耐振动、耐冲击等。目前使用的干荷电与免维护蓄电池普遍采用聚丙烯透明塑料壳体，电池槽与电池盖之间采用热压工艺粘合为整体结构，不仅耐酸、耐热、耐振动及耐冲击，而且壳壁薄而轻（厚约 2mm），易于热封合，外形美观，成本低廉，生产效率高。

蓄电池各单格电池之间采用铅质连条串联连接。干荷蓄电池与免维护蓄电池普遍采用穿壁式点焊连接，所用连条尺寸很小，并设在壳体内部，如图 1.5 所示。

普通蓄电池电池盖上设有加液孔，用以加注电解液或用普通密度计测量电解液的密度。目前，越来越多的轿车装备全密封型免维护蓄电池，而这种蓄电池盖上没有加液孔，因此不能用普通密度计测量电解液的密度，为此，在这种免维护蓄电池内部设有温度补偿式密

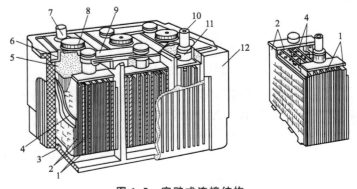

图 1.5　穿壁式连接结构
1—间壁；2—穿壁式连条；3—蓄电池盖

度计。密度计的指示器可用不同颜色指示蓄电池的存电情况和电解液液面高低。电解液密度正常时，指示器显示绿色，表示蓄电池电充足；指示器显示深绿色，表示电解液密度低于标准值，应进行补充充电；指示器显示黄色，表示电解液液面过低，需添加蒸馏水。

单格电池的加液孔盖都设有一通气小孔，用于在蓄电池充电时及时排出因电解水而产生的氢气和氧气，以防止气体聚集而使其内部压力升高，造成容器胀裂甚至产生爆炸事故。为有效地避免水分损失，免维护蓄电池壳体通气孔还设有安全装置——收集水蒸气和硫酸蒸气的集气室，待蒸气冷却后变成液体重新流回电解液内。通气孔中还有催化剂钯，可使氢气和氧气合成水蒸气，冷却后再返回电解液内。

1.1.5　蓄电池的型号

按 JB/T 2599—2012《铅酸蓄电池名称、型号编制与命名办法》规定，国产蓄电池型号的含义如下：

Ⅰ	Ⅱ		Ⅲ
串联单格电池数	蓄电池用途	蓄电池结构特征代号	蓄电池额定容量

其中，Ⅰ——串联单格电池数，指一个整体壳体内所包含的单格电池数，用阿拉伯数字表示。Ⅱ——蓄电池用途，根据蓄电池的主要用途划分，用汉语拼音的首字母表示，如起动型蓄电池用字母"Q"表示；蓄电池结构特征代号为附加说明，在同类用途的产品中具有某种特征需要在型号中加以区别时采用，特征也以汉语拼音字母表示。如果产品同时具有两种特征，原则上按表 1-1 的顺序将两个代号并列表示。Ⅲ——额定容量，指 20 小时率的额定容量，用阿拉伯数字表示，单位为安培·小时（A·h）。

表 1-1 蓄电池用途、结构特征代号

特征代号	蓄电池类型	特征代号	蓄电池类型
Q	起动型	M	密封式
G	固定型	W	免维护
D	牵引（电力机车）用	A	干式荷电
N	内燃机车用	H	湿式荷电
T	铁路客车用	WF	微型阀控制
M	摩托车用	P	排气式
C	船舶用	J	胶体式
CN	储能用	JR	卷绕式
EV	电动道路车用	F	阀控式
DZ	电动助力车用		
MT	煤矿特殊		

有的蓄电池在额定容量后用一字母表示其特征性能：G 表示薄型极板，高起动率；S 表示塑料外壳；D 表示低温起动性能好。

例如，EQ2102 汽车用 6-QA-180D 型蓄电池，表示 6 个单格电池组成，额定电压为 12V、额定容量为 180A·h、低温起动性能好的起动型干荷蓄电池。

1.1.6 蓄电池的工作原理

蓄电池（本节只介绍铅酸蓄电池，并简称为蓄电池）的核心部分是极板和电解液。蓄电池通过极板上的活性物质与电解液的电化学反应建立电动势、进行放电和充电过程。

在蓄电池充放电过程中，发生的化学反应是可逆的。蓄电池的工作过程就是化学能与电能的转换过程。放电时，蓄电池将化学能转换为电能供用电设备使用；充电时，蓄电池将电能转换为化学能储存起来备用。

根据化学理论，蓄电池中参与化学反应的物质，正极板上是二氧化铅（PbO_2），负极板上是海绵状铅（Pb），电解液是硫酸水溶液（$H_2SO_4 + H_2O$）。当蓄电池和负载接通放电时，正极板上的二氧化铅和负极板上的铅都将转变成硫酸铅（$PbSO_4$），电解液中的硫酸成分减少，相对密度下降。当蓄电池接通直流电源充电时，正、负极板上的硫酸铅又将分别恢复成原来的二氧化铅和纯铅，电解液中的硫酸成分增加，相对密度增大。

1. 蓄电池电动势的建立

蓄电池的电动势是由正、负极板浸入电解液后产生的。当极板浸入电解液中时，负极板上有少量的铅溶解生成两价的铅离子 Pb^{2+}，并在极板上留下两个电子 $2e$ 使极板带负电，此时，负极板相对于电解液的电位约为 $-0.1V$。在正极板处，少量 PbO_2 溶解，并与水（H_2O）反应生成 $Pb(OH)_4$，再分离成四价 Pb^{4+} 和氢氧根离子 OH^-，即

$$PbO_2 + 2H_2O \longrightarrow Pb(OH)_4$$
$$Pb(OH)_4 \longrightarrow Pb^{4+} + 4OH^-$$

一部分 Pb^{4+} 沉附在正极板上，使正极板相对于电解液的电位约为 $+2.0V$。因此，充足电的蓄电池在静止状态下的电动势 E_j 约为 2.1V。

2. 蓄电池的放电过程

将蓄电池的化学能转换成电能的过程称为放电过程。当蓄电池接上负载时，在电动势

的作用下,负极上的电子 e 经外电路和负载流向正极板,形成放电电流。正极板上 Pb^{4+} 得到 2 个电子变成二价的铅离子 Pb^{2+}, Pb^{2+} 与电解液中的硫酸根离子 SO_4^{2-} 结合生成 $PbSO_4$ 沉附于正极板上,即

$$Pb^{4+} + 2e \longrightarrow Pb^{2+}$$
$$Pb^{2+} + SO_4^{2-} \longrightarrow PbSO_4$$

在负极板上,Pb^{2+} 与电解液中 SO_4^{2-} 的结合生成 $PbSO_4$ 沉附在负极板上。与此同时,极板上的金属铅继续溶解成 Pb^{2+},并分离出电子。如果电路保持接通,上述化学反应将继续进行,使正极板上的 PbO_2 和负极板上的 Pb 都逐渐转变成 $PbSO_4$,电解液中的硫酸逐渐减少而水分逐渐增多,使电解液相对密度逐渐减小。当电位差降低时,流过灯丝的电流就会减小,灯丝发热量相应减少,灯泡亮度变弱,直到不能发光为止。蓄电池放电过程如图 1.6 所示。

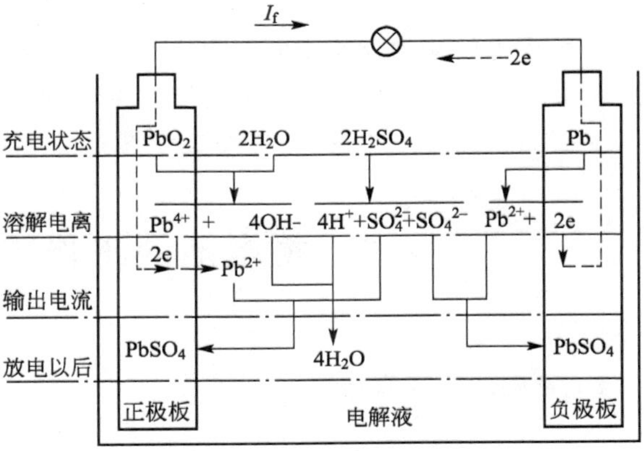

图 1.6 蓄电池放电过程示意图

理论上,放电过程可一直进行到正、负极板上的活性物质全部转变为硫酸铅为止。但由于放电生成的硫酸铅沉附于极板表面,使电解液不能渗入到极板内层,造成极板内层活性物质不能利用。因此,所谓完全放电,事实上只有 20%~30% 的活性物质转变为硫酸铅。要提高活性物质的利用率,就必须增大活性物质与电解液之间的反应面积。目前,常用的措施有采用薄型极板和增大活性物质的孔率。

3. 蓄电池的充电过程

将电能转换成蓄电池的化学能的过程称为充电过程。充电时,蓄电池接直流电源,蓄电池正极接电源正极,蓄电池负极接电源负极。

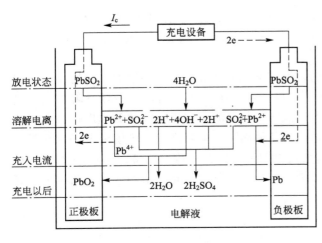

图 1.7 蓄电池充电过程示意图

当电源电压高于蓄电池电动势时,在电源力的作用下,正极板的电子 e 经充电电路流向负极板,形成充电电流。正、负极板上的硫酸铅分别还原为二氧化铅和纯铅,电解液中的硫酸成分逐渐增多而水的成分逐渐减少,电解液相对密度逐渐增大。

正极板处,有少量的 $PbSO_4$ 溶入电解液中,Pb^{2+} 失去 2 个电子变为 Pb^{4+},并与电解液中水解出来的 OH^- 结合生成 $Pb(OH)_4$,$Pb(OH)_4$ 又分解为 PbO_2 和 H_2O,PbO_2 沉附于正极板上;负极板处也有少量的

PbSO$_4$ 溶入电解液中，Pb^{2+} 得到 2 个电子变为 Pb，沉附于负极板上，正、负极板附件的 SO$_4^{2-}$ 与电解液中 H$^+$ 的生成 H$_2$SO$_4$。蓄电池充电过程如图 1.7 所示。

充电过程中，正、负极板上 PbSO$_4$ 的逐渐转化为 PbO$_2$ 和 Pb，电解液中硫酸逐渐增多，水逐渐减少，电解液的相对密度增大。当充电接近终了时，充电电流会使水分解，变成 O$_2$ 和 H$_2$，产生大量气泡从电解液中逸出。水的分解反应式为：

$$2H_2O \longrightarrow 2H_2\uparrow + O_2\uparrow$$

不考虑电池化学反应中间过程，其充、放电时的总反应式如下：

$$PbO_2 + Pb + 2H_2SO_4 \rightleftharpoons PbSO_4 + 2H_2O + PbSO_4$$
$$\text{正极} \quad \text{负极} \quad \text{电解液} \qquad \text{正极} \quad \text{电解液} \quad \text{负极}$$

1.2　蓄电池的工作特性及使用与维护

1.2.1　蓄电池的工作特性

1. 蓄电池静止电动势

静止电动势 E_j 是指蓄电池在静止状态下（不充电也不放电）正、负极板之间的电位差（即开路电压）。静止电动势的大小取决于极板上活性物质溶解电离达到动态平衡时，在极板单位面积上沉附的 Pb^{4+} 和电子 e 的数量，而这受电解液的密度和温度的直接影响。在电解液密度为 1.050～1.300g/cm^3 时，静止电动势 E_j 与电解液密度及温度的关系可由下面的经验公式表示：

$$E_j = 0.84 + \rho_{25℃}$$
$$\rho_{25℃} = \rho_t + 0.00075(t - 25)$$

式中　$\rho_{25℃}$——温度为 25℃ 时的电解液密度（g/cm^3）；
　　　ρ_t——实际测得的电解液密度（g/cm^3）；
　　　t——实际测得的电解液温度（℃）。

蓄电池内阻包括极板电阻、隔板电阻、电解液电阻和连条电阻等。蓄电池的内阻大小反映了蓄电池带负载的能力。在相同条件下，内阻越小，输出电流越大，带负载能力越强。

极板电阻在完全充电状态下是很小的，但随着蓄电池放电程度的增加，活性物质转变成导电性能极差的 PbSO$_4$ 覆盖在极板表面，极板的电阻会显著增加。隔板电阻主要与隔板的材料、厚度及多孔性等因素有关。电解液电阻与其温度和密度有关，温度低、电解液密度高时，会因电解液的黏度增大、渗透能力降低而使其电阻增大；电解液密度过高或过低时，还会因为 H$_2$SO$_4$ 的离解度降低而增大电阻；电解液密度为 1.208g/cm^3（25℃）时，电解液的离解度最高，其黏度也不大，故电阻最小。连条电阻与单格的连接形式有关，穿壁式连条短，故其电阻较小。

2. 蓄电池的放电特性

蓄电池的放电特性是指以恒流 I_f 放电时，蓄电池端电压 U_f、电动势 E 和电解液密度 ρ

随放电时间的变化规律。图 1.8 所示为以 20h 放电率($I_f=0.05C_{20}$)恒流放电的特性曲线。

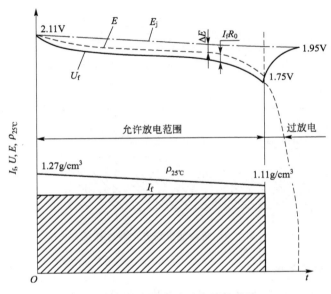

图 1.8　蓄电池恒流放电特性曲线

从放电特性曲线可知，蓄电池放电终了可由两个参数判断：
(1) 电解液密度下降至最小的许可值；
(2) 单格电池电压下降至放电终止电压。

终止电压与放电电流的大小密切相关，放电电流越大，放电时间越短，允许放电的终止电压也越低。放电电流与终止电压的关系见表 1-2。

表 1-2　放电电流与终止电压的关系

放电电流/A	$0.05C_{20}$	$0.1C_{20}$	$0.25C_{20}$	$1C_{20}$	$3C_{20}$
连续放电时间	20h	10h	3h	30min	5.5min
单格电池终止电压/V	1.75	1.70	1.65	1.55	1.5

3. 蓄电池的充电特性

蓄电池的充电特性是指以恒流 I_c 充电时，蓄电池充电电压 U_c、电动势 E 及电解液密度 ρ 等随充电时间变化的规律。图 1.9 所示为以 20h 充电率($I_c=0.05C_{20}$)恒流充电时的特性曲线。

因为充电电压 U_c 必须克服蓄电池电动势 E 和内阻电压降 I_cR_0，才能在电路中形成电流，所以充电电压始终高于电动势，即

$$U_c=E+I_cR_0$$

蓄电池充足电的特征如下：
(1) 蓄电池的端电压上升至最大值（单格电池电压为 2.7V），而且 2h 内不再变化。
(2) 电解液密度上升至最大值，且 2h 内基本不变。
(3) 电解液大量冒气泡，呈现"沸腾"现象。

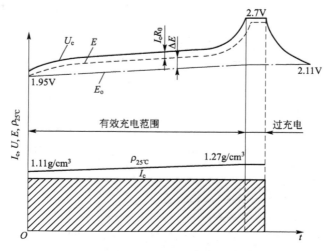

图 1.9 蓄电池恒流充电特性曲线

4. 蓄电池的容量及影响因素

蓄电池的容量是反映蓄电池对外供电能力及选用蓄电池的重要指标，是蓄电池的主要性能参数。蓄电池的容量是指在规定的放电条件下，蓄电池能够输出的电量。当恒流放电时，蓄电池的容量等于放电电流与放电时间之积，即

$$C = I_f T_f$$

式中　C——蓄电池的容量（A·h）；
　　　I_f——放电电流（A）；
　　　T_f——放电时间（h）。

蓄电池的容量与放电电流、温度及电解液的密度等因素有关，因此标称的蓄电池容量是在一定的标准规范下测得的。

（1）额定容量 C_{20}。根据 GB/T 5008.1—2013《起动用铅酸蓄电池　第 1 部分：技术条件和试验方法》的规定，C_{20} 是指完全充足电的蓄电池，在电解液温度为 25℃时，以 20h 放电率（$I_f = 0.05C_{20}$）连续放电到单格电池电压降至 1.75V［12V 蓄电池端电压下降至 (10.50 ± 0.05)V，6V 蓄电池下降至 (5.25 ± 0.02)V］，蓄电池所输出的电量。额定容量是检验新蓄电池质量和衡量蓄电池能否继续使用的重要指标。新蓄电池达不到额定容量为不合格产品；旧蓄电池的实际容量与其额定容量之差超过某一限值时，则应报废。

（2）储备容量 C_m。根据 GB/T 5008.1—2013《起动用铅酸蓄电池　第 1 部分：技术条件和试验方法》规定，C_m 是指完全充足电的蓄电池，在电解液温度为 25℃时，以 25A 电流连续放电到单格电池电压降至 1.75V 所持续的时间，其单位为 min。蓄电池的储备容量说明当汽车充电系统失效时，蓄电池尚能持续提供 25A 电流的能力。

储备容量与额定容量有如下换算关系

$$C_{20} = \sqrt{17778 + 208.3 C_m} - 133.3$$

在 $C_{20} \geqslant 200$A·h 或 $C_m \geqslant 480$min 时，上式不适用。

（3）起动容量。常温起动容量：电解液温度为 30℃时，以 5min 率放电电流（3 倍额定容量电流）连续放电至规定的终止电压（6V 蓄电池为 4.5V，12V 蓄电池为 9V）时，所输出

的电量,其放电持续时间应在 5min 以上。

低温起动容量:电解液温度为 -18℃时,以 3 倍额定容量的电流连续放电至规定终止电压(12V 蓄电池为 6V,6V 蓄电池为 3V)时所放出的电量,其放电持续时间应在 2.5min 以上。表 1-3 是一些主要热门车型的蓄电池参数及价格情况。

表 1-3 热门车型蓄电池参数及价格一览表

车型	是否免维护	品牌	容量/A·h	低温起动电流/A	4S 店配件价格/元	工时费/元	总价/元
凯越	是	ACDelco	55	610	675	30	705
朗科拉	是	ACDelco	60	438	645	30	675
新桑塔纳	是	瓦尔塔	51	480	612	120	732
速锐	是	瓦尔塔	70	600	570	30	600
雪铁龙 C4L	是	博世	60	640	539	80	619
标致 3008	是	骆驼	60	640	490	50	540
凯美瑞	否	日立	65	630	595	50	645
天籁	否	统一	62	582	590	48	638
迈锐宝	是	风帆	60	525	715	50	765

蓄电池的容量越大,可以提供的电能就越多。影响蓄电池容量的因素主要有极板的构造、放电电流、电解液的温度和电解液的密度四个方面。

(1) 极板构造。极板的面积大,在允许放电范围内能参与电化学反应的活性物质就多,其容量也就大;普通蓄电池一般只利用了 20%~30% 的活性物质,因此,采用薄形极板、增加极板的片数及提高活性物质的孔率,均能提高蓄电池的容量。

(2) 放电电流。放电电流越大,单位时间内所消耗的 H_2SO_4 就越多,加之对极板孔隙起阻塞作用的 H_2SO_4 产生速率高,造成孔隙内的电解液密度急剧下降,使蓄电池端电压很快下降至终止电压,缩短了允许放电的时间,使得极板孔隙内的一些活性物质未能参加电化学反应,从而导致蓄电池容量的下降。蓄电池容量与放电电流的关系如图 1.10 所示。

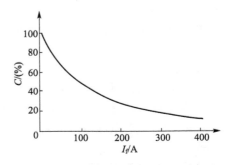

图 1.10 蓄电池容量与放电电流的关系

由于发动机起动时为大电流放电,因此,在起动时应注意:一次起动的时间不应超过 5s;连续两次起动应间隔 15s 以上,使电解液有渗透到极板孔隙内层的时间,以提高极板内层活性物质的利用率和再次起动的端电压,有利于提高蓄电池的容量和起动性能。

(3) 电解液的温度。电解液温度低,其黏度大,渗透能力下降,使极板内层的活性物质不能充分利用而造成容量降低。此外,温度越低,电解液的溶解度与电离度也越低,又加剧了容量的下降。蓄电池容量与温度的关系如图 1.11 所示。

温度每下降 1℃,容量下降约为 1%(小电流放电)或 2%(大电流放电)。因此,适当地提高蓄电池的温度(但不超过40℃)，有利于提高蓄电池容量和起动性能。

(4) 电解液的密度。电解液的密度过低时会因为 H^+、HSO_4^- 离子数量少而导致容量下降；电解液的密度过高，又会因为其黏度增大、渗透能力降低、内阻增大、极板容易硫化而导致容量下降。蓄电池容量与电解液密度的关系如图1.12所示。

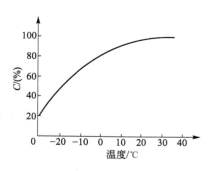

图1.11 蓄电池容量与温度的关系

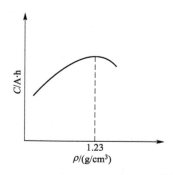

图1.12 蓄电池容量与电解液密度的关系

1.2.2 蓄电池的使用与维护

1. 蓄电池的常见故障及排除

1) 极板硫化

所谓极板硫化是指极板上产生了白色、坚硬、不易溶解的粗晶粒 $PbSO_4$。在正常充电时，这种粗晶粒的 $PbSO_4$ 不易被还原成活性物质，且对极板的孔隙有阻塞作用，因此，会造成蓄电池的容量下降、内阻增大而使起动性能下降。放电时蓄电池端电压下降较快；充电时电压上升快，温度上升也快，过早出现"沸腾"现象，但电解液的密度上升较慢且达不到规定的值；极板硫化严重时，可以通过加液孔看到极板上部有白色的霜状物。

在蓄电池极板硫化还不严重时，可以用去硫化充电法消除硫化；极板硫化严重的则只能报废。

2) 自放电

在未接通外电路时，蓄电池电能自行消耗称之为自放电。蓄电池轻微放电属于正常现象，但如果每昼夜蓄电池自行放电量大于 $2\% C_{20}$，则属于自放电故障。自放电严重的蓄电池，充电时其端电压和电解液密度上升缓慢，用高率放电计测单格电池压降时，其端电压会迅速下降。

若是因蓄电池盖表面脏污造成自放电故障，清洁蓄电池盖表面，并对已亏电的蓄电池进行补充充电即可重新投入使用；若是因蓄电池容器底部沉积物太多造成的极板短路(充电时电解液往往会呈现褐色)，则应倾倒出全部电解液，并用蒸馏水将壳体内部冲洗干净后重新加注电解液，再将蓄电池充足电；若蓄电池自放电是电解液不纯造成的，则应先将蓄电池全放电或过度放电后倾倒全部电解液，再用蒸馏水冲洗壳体内部，然后加注电解液并将蓄电池充足电。

3) 活性物质早期脱落

活性物质早期脱落是指因使用不当而造成蓄电池极板上的活性物质有大量的脱落。如出现活性物质早期脱落，充电时电解液会成为浑浊褐色溶液，充电电压上升过快，电解液过早出现"沸腾"现象，而其密度达不到规定的最大值；放电时电压下降过快，蓄电池容量明显不足。

活性物质脱落较少时，可以倾倒出全部电解液，用蒸馏水冲洗壳体内部后重新加注电解液，充足电后继续使用。如果活性物质脱落过多，则需更换极板组或报废蓄电池。

4）其他故障

除了上述常见的故障外，蓄电池还会出现蓄电池外壳破裂、壳体盖封口胶脱裂、连条断裂、极板断裂或松动等故障，应根据实际情况采取适当的修补措施。

2. 蓄电池的正确使用

为延长蓄电池的使用寿命，使用中应特别注意以下几点：

(1) 正确使用起动机。每次起动时间不得超过 3～5s；如果一次未能起动发动机，应休息 15s 以上再进行第二次起动；连续三次起动不成功时，应查明原因，排除故障后再进行起动。

(2) 定期补充充电。在汽车上使用中的蓄电池，由于发电机对蓄电池充电的电压是按基本充足电来选择的，为了防止极板硫化而缩短使用寿命，因此，每使用两个月必须进行一次补充充电；如果蓄电池加注电解液后存放备用或安装在汽车上而汽车停放不用时，因为存放过程中蓄电池会自行放电，所以每间隔一个月必须进行一次补充充电。

(3) 蓄电池在汽车上必须固定牢靠，防止汽车行驶时振动受损。搬运蓄电池应轻搬轻放，不能在地上拖曳。

(4) 新蓄电池首次使用之前，需要合理选择电解液相对密度。如果干荷蓄电池和免维护蓄电池的存储时间超过规定期限（一般为 2 年），需要充电之后再装车使用，以免极板硫化而缩短蓄电池的使用寿命。电解液密度应根据不同的使用条件进行选择，寒冷地区应使用密度较高的电解液；同一地区使用的蓄电池，冬季的电解液密度应较夏季高 0.02～0.04g/cm³。不同地区和气温条件下，电解液密度可参考表 1-4 或蓄电池制造厂家的规定进行选择。

表 1-4　不同地区和气温条件下电解液密度的选择范围　　（单位：g/cm³）

气候条件	完全充电蓄电池在 25℃ 时的电解液密度	
	冬季	夏季
冬季低于 -40℃ 的地区	1.30	1.26
冬季高于 -40℃ 的地区	1.28	1.25
冬季高于 -30℃ 的地区	1.27	1.24
冬季高于 -20℃ 的地区	1.26	1.23
冬季高于 0℃ 的地区	1.23	1.23

阅读材料1-1

三种最常见的会损坏蓄电池的不良用车习惯

1. 熄火状态下长时间地使用车内电器设备

坐在车内等人或休息时，不少驾驶者都会选择关掉发动机，然后坐在车内开启音响听广播或者看DVD等，这样达到了省油的目的，但会迅速消耗蓄电池的电量，如果长时间用电还容易使蓄电池亏电。正确的使用方法是在熄火状态下连续听广播尽量不超过30min，同时建议驾乘者在熄火状态下不使用车载DVD（图1.13）等设备。

2. 熄火状态下使用外接用电设备

切忌在车辆熄火状态下使用外接电源设备，如车载吸尘机、便携式充气泵、车载逆变器（图1.14）等。由于这些用电设备的功率都比较大，在熄火状态下长时间使用这些设备很容易消耗蓄电池的电量，从而影响车辆的起动。车辆在熄火状态时，尽量少用遥控电动车门，敞篷车尽量避免在熄火状态下频繁开启车顶棚（图1.15）。

图1.13　功能丰富的DVD系统

图1.14　车载充气泵、车载吸尘器、车载逆变器

3. 停车后忘记关灯

停车后忘记关灯分两种，一种是夜间停车忘记关闭车辆的前照灯，一晚上就会将蓄电池的电量耗尽。因此，每次停车离开前一定要关闭车辆的灯光（图1.16）。第二种则比较容易发生在晚间停车等人的时候，为了省油绝大部分车主都会选择熄火，但此时千万不要忘记把前照灯调整到"示宽灯"模式（图1.17）。此时车内照明正常工作，车外仅有示宽灯点亮，既省电又能提醒路人。

图1.15　敞篷车顶棚开启

图1.16　关闭车辆灯光

图1.17　前照灯调至"示宽灯"模式

3. 蓄电池的维护

为使蓄电池经常处于完好状态,延长其使用寿命,对使用中的蓄电池需要定期(汽车行驶 6000～7500km 或 30～45 天)进行以下维护工作:

(1) 检查蓄电池外壳表面有无电解液漏出或渗出,擦去蓄电池盖上的电解液。
(2) 检查蓄电池在车上安装是否牢靠,导线接头与极柱的连接是否紧固。
(3) 经常性地清除蓄电池盖上的灰尘、泥土和酸垢,清除极柱和导线接头上的氧化物。
(4) 检查加液孔盖或螺塞上的通气孔是否畅通。
(5) 定期检查并调整电解液的密度及液面高度。

阅读材料1-2

蓄电池更换的一些建议和大致价格区间

免维护蓄电池和普通蓄电池正常使用寿命都为 3 年左右。目前能购买的主流品牌蓄电池有风帆、骆驼、统一、瓦尔塔、AC 德科和博世等,如图 1.18 所示。根据 20h 率容量(C_{20} A·h)指数的不同,不同品牌、不同指数的蓄电池价格差距比较大,以主流的"60A·h"蓄电池为例,价格基本都在 450～550 元之间,主流品牌同型号蓄电池单价差异并不会很大。

图 1.18　各种品牌蓄电池

至于能更换蓄电池的商家,只要找一家相对正规的修理厂或者专业蓄电池销售店即可,价格往往比在 4S 店更换便宜不少。需要注意的是,部分高档车如奔驰、宝马等,需要"带电更换",并且更换后还需进行电脑匹配,这就需要消费者尽量找经验丰富、口碑好的商家或者 4S 店。

1.3 新型蓄电池

1.3.1 镍氢电池

镍氢电池是 20 世纪 90 年代发展起来的一种新型绿色电池。它的正极活性物质主要由镍制成,负极活性物质主要由储氢合金制成,是一种碱性蓄电池。镍氢电池如图 1.19 所示。

镍氢电池是将物质的化学反应产生的能量直接转化成电能的一种装置。镍氢电池由镍氢化合物正电极、储氢合金负电极及碱性电解液组成。充、放电时的电化学反应如下:

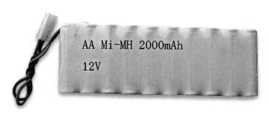

图 1.19 镍氢电池

充电时:

正极反应:$Ni(OH)_2 + OH^- \rightarrow NiOOH + H_2O + e$

负极反应:$M + H_2O + e \rightarrow MH + OH^-$

总反应:$M + Ni(OH)_2 \rightarrow MH + NiOOH$

放电时:

正极:$NiOOH + H_2O + e \rightarrow Ni(OH)_2 + OH^-$

负极:$MH + OH^- \rightarrow M + H_2O + e$

总反应:$MH + NiOOH \rightarrow M + Ni(OH)_2$

以上式中 M 代表储氢合金,MH 代表吸附了氢原子的金属氢化物。镍氢电池工作原理为:充电的时候,正极发生 $Ni(OH)_2 \rightarrow NiOOH$ 的转变,负极则发生水分解反应,合金表面吸附氢,生成氢化物。放电过程是充电过程的逆反应,即正极发生 $NiOOH \rightarrow Ni(OH)_2$ 的转变,负极储氢合金脱氢,在表面生成水。

镍氢电池具有高比能量、高功率、适合大电流放电、可循环充放电、无污染等特点,现主要应用于混合电动车。2011 年镍氢电池应用分布,混合电动车占 56%,零售市场(包括遥控车、玩具、家用电器、数码摄像机)占 24%,无绳电话占 11%,其他市场为 9%。国外研制电动汽车用高功率镍氢电池的公司主要有日本三洋电机株式会社、松下 EV 电池公司、美国的 Cobasys 公司、德国的 Varta 公司和法国的 Saft 公司等。我国从事混合动力汽车用镍氢电池研究的有北京有色总院、中山电池公司、湖南神舟科技、春兰集团等。丰田普锐斯、凯美瑞、雷克萨斯、本田 Insight、Civic,保时捷卡宴,凯迪拉克凯雷德,大众途锐,一汽奔腾 B50 等车型混合动力版的电池为镍氢电池。大众途锐镍氢电动车如图 1.20 所示。

1.3.2 锂离子电池

锂离子电池是 1990 年由日本索尼公司首先推向市场的新型高能蓄电池,是目前世界新一代的充电电池。锂离子电池正极材料采用锂化合物 $LiCoO_2$、$LiNiO_2$ 或 $LiMn_2O_4$,负

图 1.20　大众途锐镍氢电动车

极采用锂-碳层间化合物 Li_xC_6，电解液为有机溶液。

图 1.21 所示为锂离子电池的工作原理，电池在充电时，锂离子从正极材料的晶格中脱出，通过电解液和隔膜，嵌入到负极中；放电时，锂离子从负极脱出，通过电解液和隔膜，嵌入到正极材料晶格中。在整个充、放电过程中，锂离子往返于正、负极之间。

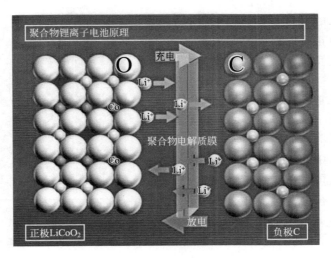

图 1.21　锂离子电池的工作原理

以 $LiCoO_2$ 为正极材料，石墨为负极材料的锂离子电池，正、负极的电化学反应为：
$$LiCoO_2 \rightarrow Li_{1-x}CoO_2 + xLi^+ + xe$$
$$6C + xLi^+ + xe \rightarrow Li_xC_6$$

总反应：$LiCoO_2 + 6C \rightarrow Li_{1-x}CoO_2 + Li_xC_6$

锂离子电池具有电压高、比能量高、充放电寿命长、无记忆效应、无污染、快速充电、自放电率低、工作温度范围宽和安全可靠等优点。与镍氢电池相比，混合动力汽车采用锂离子电池，可使电池组的质量下降40%～50%，体积减小20%～30%。全球主要汽车生产国家已有20余家企业进行锂离子电池研发，如富士重工、NEC、东芝、Johnson Controls、三洋电机、松下EV等。雪佛兰Volt，奔驰S400，奥迪A6、A8，宝马5系、7系，福特C-MAX Energ，起亚福瑞迪，现代悦动等车型的混合动力版电池为锂离子电池。图1.22为丰田普锐斯PHV（插电式混合动力车）配备的三洋电机生产的锂离子充电电池。

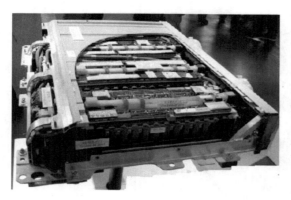

图1.22　车载锂离子充电电池

1.3.3　铁电池

目前国内外研讨的铁电池有高铁电池和锂铁电池两种。高铁电池是一种以合成稳定的高铁酸盐（K_2FeO_4、$BaFeO_4$等）作为高铁电池的正极材料制作的，具有能量密度大、体积小、质量轻、使用寿命长、无污染等特点的新型化学电池；另一种是锂铁电池，主要是磷酸铁电池，开路电压在1.78～1.83V，工作电压在1.2～1.5V，比其他一次电池高0.2～0.4V，而且放电平稳、无污染、安全、性能优良。

磷酸铁电池的内部结构如图1.23所示。左边是橄榄石结构的$LiFePO_4$作为电池的正极，由铝箔与电池正极连接，中间是聚合物的隔膜，把正极与负极隔开，但锂离子Li^+可以通过而电子e不能通过，右边是由碳（石墨）组成的电池负极，由铜箔与电池的负极连接。电池的上下端之间是电池的电解质，电池由金属外壳密闭封装。$LiFePO_4$电池在充电时，正极中的Li^+通过聚合物隔膜向负极迁移；在放电过程中，负极中的Li^+通过隔膜向正极迁移。锂离子电池就是因锂离子在充放电时来回迁移而命名的。其充、放电的总方程式如下：

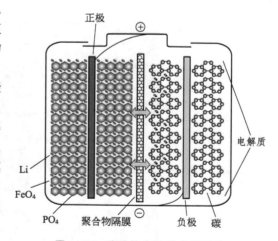

图1.23　磷酸铁电池的内部结构

$$LiM_{1-x}Fe_xPO_4 + 6C \rightarrow M_{1-x}Fe_xPO_4 + LiC_6$$

磷酸铁电池具有以下特点：

（1）高效率输出：标准放电为2～5C、连续高电流放电可达10C，瞬间脉冲放电（10s）可达20C。

（2）温时性能良好：外部温度65℃时内部温度高达95℃，电池放电结束时温度可达160℃，电池的结构安全、完好。

（3）当电池内部或外部受到伤害时，电池不燃烧、不爆炸，安全性好。

(4) 具有好的循环寿命,经 500 次循环,其放电容量仍大于 95%。
(5) 放电到 0V 也无损坏。
(6) 可快速充电。
(7) 成本比锂离子电池低。
(8) 对环境无污染。

锂铁电池的众多优点,并且伴随着磷酸铁电池技术的成熟,该技术正在被企业推向市场。在国外很多生产厂家都在研究动力电池,在国内,比亚迪成功研发出电动汽车专用的铁电池,如图 1.24 所示,取名为"ET-POWER"。ET-POWER 铁电池每块电压为 3.3V,60A·h,电池充电循环次数可达 2000 次以上,电池的持续里程寿命大于 60 万 km。以 F6 双模电动汽车为例,车上共使用了 100 块铁电池,充满电续驶里程可达 430km(电动模式 100km + 混合动力模式 330km),速度最高可达 160km/h。

图 1.24 比亚迪铁电池

1.3.4 燃料电池

燃料电池是一种将储存在燃料(氢、煤气、天然气等)和氧化剂(氧气、空气、氯气)中的化学能通过电极反应直接转化为电能的发电装置。

燃料电池种类很多,有氢-氧、碳化氢、联氨等多类,氢-氧燃料电池工作原理如下。

氢-氧燃料电池是一种最普通的燃料电池,先把燃料转化为氢气,然后与氧气分别在电池的两极发生氧化和还原反应,从而产生电能。

氢-氧燃料电池的结构如图 1.25 所示。在氧气腔 1,氧气由高压氧气筒供给,工作压力为 666~1333kPa。在氢气腔 5,氢气由高压氢气筒供给。正极 2 是多孔性的氧电极(活性炭电极),由包在塑料中的银粉制成,并用钴和钯的混合物做催化剂。负极 4 是多孔氢电极(活性炭电极),用铂或钯做催化剂。石棉填充物 3 饱含电解液,电解液是 30%~35% 的氢氧化钾(KOH)溶液,由液压泵使其循环。

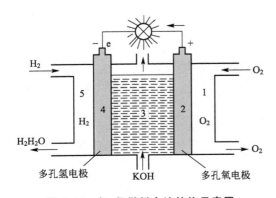

图 1.25 氢-氧燃料电池结构示意图
1—氧化腔;2—正极(多孔氧电极);
3—饱含电解液的石棉填充物;
4—负极(多孔氢电极);5—氢气腔

其化学反应过程为

$$KOH \longrightarrow K^+ + OH^-$$

电解液中的 KOH 不断电离和化合形成相对平衡状态,即放电时,在负极(氢电极)处的氢与氢氧根离子化合生成水,并放出电子;电子通过外电路送到正极,即

$$2H_2 + 4OH^- \longrightarrow 4H_2O + 4e$$

在正极(氧电极)处,氧气与水及外电路流来的电子起作用,生成氢氧根离子,进入电

解液,即

$$O_2 + 2H_2O + 4e \longrightarrow 4OH^-$$

电池总反应为

$$2H_2 + O_2 \longrightarrow 2H_2O$$

在反应过程中,氢气和氧气不断地消耗并生成水,所以只要不断地供给氢气和氧气,反应就能继续进行,并不断地产生电能向外电路供电,电动汽车就能继续行驶。

燃料电池的比能量已经达到 200~350W·h/kg,为铅酸蓄电池的 4~7 倍,且不需充电,只要不断供应燃料就可继续使用,因此适合作为电动汽车的动力源。其缺点是需要贵重金属做催化剂,成本高,且燃料的储藏和运输都有一定困难,因此有待进一步解决。

思考

小王出差回家第一件事就是看他心爱的汽车,这么长时间没开了,还能发动吗?他是一个电子爱好者,家有万用表。于是用万用表测量蓄电池的电压。测量结果是蓄电池的电压接近12V。他心里暗暗高兴,还有电。便起动车,但发动机一转都不转。明明蓄电池的电压接近12V,怎么发动机不转呢?小王非常奇怪。请同学们根据图 1.6 蓄电池恒流放电特性曲线给小王讲清道理。

习　　题

一、填空题

1. 铅蓄电池由_____、_____、_____、_____组成。
2. 铅蓄电池内部分为_____个单格,一格的静止电动势约为_____。
3. 蓄电池正极板的活性物质是_____、负极板上的活性物质是_____。

二、名词解释

1. 蓄电池的额定容量
2. 蓄电池的极板硫化
3. 蓄电池的自放电
4. 蓄电池的充电特性
5. 蓄电池的放电特性

三、思考题

1. 车用蓄电池的主要组成部分及功用是什么?
2. 蓄电池的电动势是如何建立的?充电和放电时蓄电池极板及电解液有何变化?
3. 蓄电池充电终了和放电终了的特征是什么?
4. 使用因素对蓄电池的容量有何影响?

5. 铅酸蓄电池的每一个单格都有一个加液孔，孔盖上通气孔，其作用是什么？
6. 常用的蓄电池的充电方法有哪些？
7. 免维护蓄电池的使用特点有哪些？
8. 新型蓄电池有哪些？
9. 如何正确使用蓄电池？

第 2 章 发电机与调节器

本章学习目标

了解汽车发电机与调节器的种类、型号；
熟悉汽车发电机与调节器的结构、功能及工作原理；
掌握交流发电机的组成及各部分的作用；
掌握汽车发电机与调节器电路故障的分析方法。

本章教学要点

知识要点	能力要求	相关知识
汽车发电机	掌握发电机特性、结构及工作原理	交流（硅整流）发电机的结构与特性；发电机的检测方法
汽车发电机的调节器	掌握晶体管与集成电路调节器的电路、基本工作原理及电路故障检测	JFT106 型、JFT126 型、JFT152 型调节器的工作原理与检测方法

发电机与调节器 第2章

导入案例

小王开车急着从广州赶回河南老家过年,对于车上的充电指示灯什么时候亮了也不知道,车过武汉才看到充电指示灯亮,他又想离家也不很远了,就没把这事放在心上,继续开车前进。汽车行驶中,突然发现前面路段出事故了,不得不把车停下来,可这一停,车怎么也不能起动了。蓄电池的电用光了,怎么办?

发电机的作用是供给用电设备电能。发动机正常工作时,发电机在向用电设备供电的同时还用剩余的电能向蓄电池充电,保证蓄电池有足够的能量储备。当发电机不发电时,用电设备只能使用蓄电池的储备电能,一旦蓄电池的储备电能不能起动发动机,汽车将无法起动。因此发电机正常运转是汽车运行的基础。

2.1 发电机的构造

汽车用发电机外形如图2.1(a)和图2.1(b)所示,内部构造如图2.1(c)所示。它主要由转子7,定子8,整流器,前、后端盖9和4,电刷2,电刷架3,风扇10及带轮11组成。

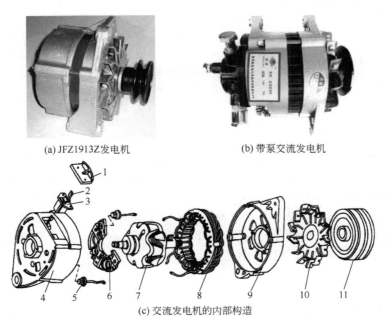

(a) JFZ1913Z发电机　　(b) 带泵交流发电机

(c) 交流发电机的内部构造

图2.1 交流发电机的构造

1—电刷弹簧压盖;2—电刷;3—电刷架;4—后端盖;5—硅二极管;
6—散热板;7—转子;8—定子总成;9—前端盖;10—风扇;11—带轮

2.1.1 转子

转子是交流发电机的磁场部分，如图 2.2 所示，主要是由磁极 1、磁场绕组 2 和集电环 3 等组成，其中两块爪极（N、S）凸凹交叉压装在转子轴上，内腔装有磁轭，磁轭上绕有磁场绕组，绕组两端的引线分别焊接在与转子轴绝缘的两个集电环 3 上。两个电刷 4 装在与端盖绝缘的电刷架内，通过弹簧压力使电刷与集电环保持接触。当发电机工作时，两电刷与直流电源连通，可为磁场绕组提供定向电流并产生轴向磁通，使两块爪极被分别磁化为南极和北极，从而形成犬牙交错的磁极，并沿圆周方向均匀分布。磁极对数可为 4 对、5 对和 6 对，我国设计的交流发电机的磁极对数多为 6 对。爪极凸缘的外形呈鸟嘴型，当发电机工作时，可在定子铁心内部形成近似正弦变化的交变磁场。

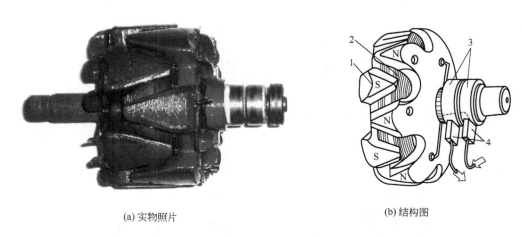

(a) 实物照片   (b) 结构图

图 2.2　交流发电机转子

1—磁极；2—磁场绕组；3—集电环；4—电刷

2.1.2 定子

定子为电枢，由定子铁心和定子绕组组成。定子铁心一般由一组相互绝缘且内圆带有嵌线槽的环状硅钢片叠制而成，定子槽内嵌有三相对称绕组。三相绕组的联结方法有星形联结（又称Y联结）和三角形联结（又称△联结）两种。为了使三相绕组中产生大小相等频率相同且相位相差 120°的对称电动势，三相绕组的绕法具有如下特点：每相绕组的线圈个数及每个线圈的匝数相等，同时每个线圈的节距必须相同。图 2.3 是某交流发动机定子总槽数为 36 的定子绕组实物照片与展开图。

2.1.3 整流器

整流器由硅整流二极管组成，其作用是将定子绕组产生的三相交流电转换为直流电；其次，可阻止蓄电池电流向发电机倒流。

由 6 只硅整流二极管组成的三相桥式整流器如图 2.4 所示。硅整流二极管通常直接压装在散热板上或发电机后端盖上。其中压装在散热板上的 3 只硅整流二极管引线为正极，外壳为负极连接在一起，通过螺栓 B 作为发电机的正极输出端。由此这 3 只二极管称为

(a) 实物图

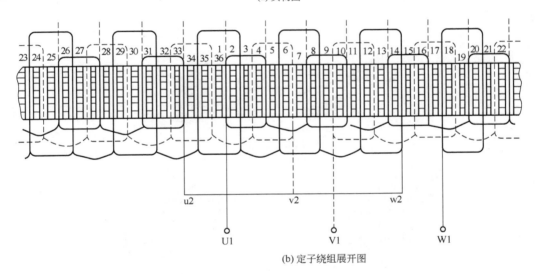

(b) 定子绕组展开图

图 2.3　定子总槽数为 36 的交流发动机定子绕组实物照片与展开图

(a) 本田雅阁 CRV 2.4 整流器实物

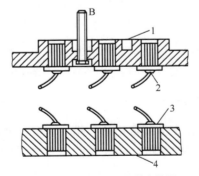

(b) 三相桥式整流器二极管安装图

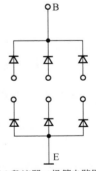

(c) 整流器二极管电路图

图 2.4　三相桥式整流器

1—散热板；2—正极管；3—负极管；4—接地散热板；B—输出（电枢）接柱（螺栓）

"正极管"，其管壳底部一般涂有红色标记。压装在接地散热板上的二极管，与上述情况恰相反，俗称"负极管"，管壳底部一般涂有黑色标记。新型的交流发电机将6只硅整流二极管分别压装在不同的散热板上。

2.1.4 端盖与电刷总成

前、后端盖均由铝合金压铸或用砂模铸造而成。铝合金为非导磁材料，可减少漏磁并具有轻便、散热性能良好等优点。在后端盖内装有用酚醛塑料或玻璃纤维增强尼龙制成的两个电刷架如图2.5所示，在电刷架的孔内，借助弹簧压力电刷与集电环保持接触。发电机的电刷架有两种结构形式，一种是电刷可直接从发电机外部进行拆装，如图2.5(b)所示；另一种则不能直接从发电机外部进行拆装，如图2.5(c)所示，若需更换电刷，必须将发电机拆开，否则无法取下和装入电刷。故这种结构的发电机将逐渐被淘汰。

(a) 电刷与电刷架外观

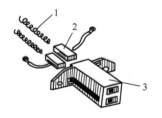
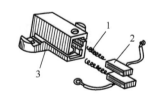

(b) 电刷(可直接从发电机外部进行拆装)　　(c) 电刷(不能直接从发电机外部进行拆装)

图 2.5　发电机电刷总成

1—弹簧；2—电刷；3—电刷架

发电机的前端装有带轮，其后端装有叶片式风扇，前、后端盖上分别有出风口和进风口，当发动机带动发电机带轮旋转时，可使空气流经发电机内部进行冷却。

2.1.5 国产交流发电机的型号

国产交流发电机的型号由五部分组成：第一部分为产品代号，交流发电机的产品代号有JF、JFZ、JFB、JFW四种。第二部分为电压等级代号，用1位阿拉伯数字表示，1代表12V；2代表24V；6代表6V。第三部分为电流等级代号，用缩小10倍数字表示。第四部分为设计序号，按产品的先后顺序，用阿拉伯数字表示。第五部分为变型代号，用字母表示。例如，JFZ1913Z型交流发电机的含义为：电压等级为12V、输出电流大于90A、第13次设计、调整臂位于左边的整体式交流发电机。

2.2 发电机的工作原理

2.2.1 交流发电机的工作原理

三相定子绕组按一定规律分布在发电机的定子槽中,彼此相差120°电角度。三相绕组的末端连在一起。当转子旋转时,定子绕组与磁力线之间产生相对运动,在三相绕组中产生频率相同、幅值相等、相位相差120°电角度的三相正弦交流电动势,如图2.6(b)所示。每相电动势的有效值为

$$E = 4.44 k f N \Phi$$

式中　E——电动势的有效值;

　　　k——绕组系数;

　　　f——交流电动势的频率;

　　　N——每相绕组匝数;

　　　Φ——每极磁通幅值(Wb)。

2.2.2 整流原理

交流发电机定子绕组产生的交流电,通过硅整流二极管组成的整流电路转变为直流电。二极管具有单向导电性,当二极管加正向电压时,二极管导通,呈现低阻状态;当二极管加反向电压时,二极管截止,呈现高阻状态。利用二极管的单向导电性,即可把交流电转变成直流电。6只硅整流二极管组成的三相桥式整流电路如图2.6(a)所示。二极管的导通原则如下:二极管 VD_1、VD_3、VD_5 为正极管,其正极分别接在发电机三相绕组的首端,负极连接在一起,在某一瞬间,只能是三相交流电压中[图2.6(b)]正极电位最高者导通;二极管 VD_2、VD_4、VD_6 为负极管,其负极分别接在发电机三相绕组的首端,正极连接在一起,某一瞬间只能是三相交流电压中负极电位最低者导通。该整流电路整流后的电压波形如图2.6(c)所示。

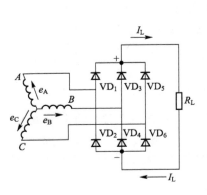

(a) 三相桥式整流电路

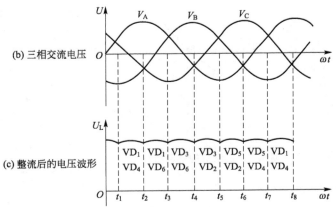

(b) 三相交流电压

(c) 整流后的电压波形

图 2.6　三相桥式整流原理

2.2.3 励磁方式

交流发电机的励磁方式是先他励、后自励,即当发电机转速较低,其电压低于蓄电池电压时,先由蓄电池向发电机磁场绕组供电;当发电机转速升高、其电压高于蓄电池电压时,发电机向自身的磁场绕组供电。发电机励磁电路如图 2.7 所示。

2.2.4 发电机的输出电压

发电机的输出电压有发电机的端电压 U 和中性点电压 U_N,如图 2.8 所示。发电机的中性点电压 U_N 为发电机的端电压 U 的一半。

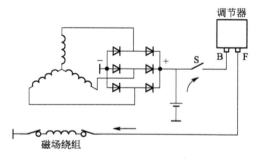

图 2.7 励磁电路

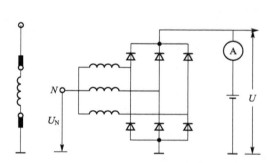

图 2.8 发电机的输出电压

2.2.5 交流发电机的工作特性

交流发电机的工作特性是指发电机在无励磁电流调整时,经整流后输出的直流电压 U、电流 I 和转速 n 之间的关系,包括空载特性、输出特性和外特性。

1. 空载特性

当发电机空载运行时,发电机端电压 U 和转速之间的关系,即负载电流 $I=0$ 时,$U=f(n)$ 的函数关系,称为发电机的空载特性,如图 2.9 所示。实际工作中,可由空载特性判断发电机低速充电性能的好坏;判断发电机的性能(是否发电、充电)。图 2.9 中虚线部分表示在断开发电机与蓄电池的连接前是无法测量到空载特性的。

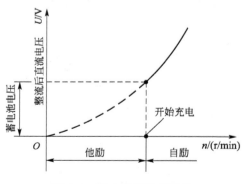

图 2.9 发电机的空载特性

2. 输出特性

当发电机输出电压一定时,输出电流 I 与发电机转速 n 之间的关系,即 $U=$ 常数时,$I=f(n)$ 的函数关系,称为发电机的输出特性,如图 2.10 所示。

3. 外特性

当发电机转速一定时,发电机端电压 U 与输出电流 I 之间的关系,即 $n=$ 常数时,

$U=f(I)$ 的函数关系，称为发电机的外特性。外特性曲线表明，在一定的转速下，输出电流增加时，发电机端电压有较大幅度的下降，因此，要使输出电压稳定，必须配备电压调节器。另外，在发电机高速运转时，如果突然失去负载，端电压会急剧升高，电气设备中的电子元件将有击穿的危险。图 2.11 为交流发电机的外特性。

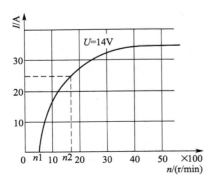

图 2.10 发电机的输出特性图

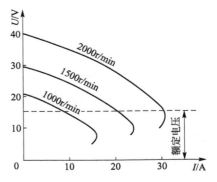

图 2.11 发电机的外特性

2.3 发电机调节器

汽车上的交流发电机是由发动机按一定的传动比驱动的，转速随发动机转速而变化。根据已学过的电工学可知，发电机的电动势 $E=4.44kfN\Phi$。当发电机转速变化时，f 随电动势转速 n 变化，将常数综合，设 $C_e=4.44kN$，即有发电机电动势

$$E=C_e\Phi n$$

式中 C_e——交流发电机的结构常数；

Φ——每极磁通幅值，与励磁电流 I 成正比。

所以 E 只与转速 n、励磁电流 I 成正比。

汽车上交流发电机的转速是不能控制的，当发电机转速变化时，要保持发电机电压稳定在某一限定值不变，只能相应地改变发电机的磁通，而磁通的强弱又取决于励磁电流的大小。也就是说，当发电机转速变化时，只要使励磁电流有相应的变化，即可保持发电机电压不变。这就是电压调节器的基本原理。

2.3.1 触点电压调节器

在汽车发电机发展过程中曾经利用触点的开闭，使励磁电路中串入或隔除附加电阻 R 来调节励磁电流，从而达到调节电压的目的。这种触点调压，其附加电阻的阻值越大，则电压调节起作用的转速范围就越宽，但在触点打开时，产生的火花越强烈。为了减小火花，延长使用寿命，保证调节范围，实际交流发电机调节器多采用双级式电压调节器。双级电磁振动式调节器工作原理图如图 2.12 所示。

双级式电压调节器工作原理：当图 2.12 所示电源电压低时，电磁线圈的电流小，产生的电磁力小，触点 K_1 闭合，励磁线圈的电流 I_f 分两路流入，一路流经 R_1，另一路流经触点 K_1。当电源电压高时，电磁线圈的电流大，产生的电磁力大，触点 K_1 打开，此时励

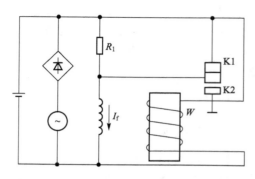

图 2.12 双级电磁振动式调节器工作原理图

磁电流 I_f 必须流过 R_1。因为经 K_1 的电阻小,故触点 K_1 闭合时通过的电流大。在触点 K_1 打开时,励磁电流 I_f 由于 R_1 上的电阻大,励磁电流 I_f 减小。当发电机转速进一步上升使输出电压增加时,电磁线圈的电流增大使 K_2 闭合,电流经电源正极流经 R_1 经 K_2 回电源负极,励磁电流 I_f 由于得不到补充急剧减小,使发电机电压下降,电磁线圈的电流减小,产生的电磁力小,触点 K_1 又闭合。产生新一轮循环。

电磁振动式电压调节器存在体积大、触点易烧蚀、机械惯性和磁惯性大、调节后的电压波动幅度大等缺点,已被电子式电压调节器取代。电子式电压调节器可分为晶体管调节器和集成电路调节器,其工作原理相同。

2.3.2 晶体管调节器工作原理

1. JFT106 型晶体管调节器工作原理

如图 2.13 所示,接通点火开关 SW。则电源电压就加在 R_1、R_2、R_3 组成的取样电路上,R_1 上的电压,即取样电压经 VD_1 加在稳压管 VD_2 上,当取样电压小于稳压管 VD_2 的击穿电压加 0.7V 时,V_1 截止,电流由电源正极经电阻 R_5 与 VD_3 使 V_2 基极获得正向偏压而导通;V_2 导通后,经 V_2 放大的电流加在电阻 R_8 与 V_3 基极上,使 V_3 获得正向偏压且饱和导通,这样便接通了磁场电路。其电流回路为:蓄电池正极→点火开关 SW→发电机"+"接线柱→励磁绕组 L→V_3 集电极→V_3 发射极→调节器接地线柱→蓄电池负极。发电机电压随转速的升高而升高。当取样电压大于稳压管 VD_2 的击穿电压时,V_1 导通;当 V_1 饱和导通时,由于 V_1 集电极电位为 0.3V,V_2 与 V_3 导通需要 2.1V 电位(3 个二极管的压降),因而截止。储藏在励磁绕组的能量产生励磁电流经 VD_4 放电,由于能量只有消耗却得不到补充,因而电流越来越小,致使发电机发出的电压下降。直到取样电压小于

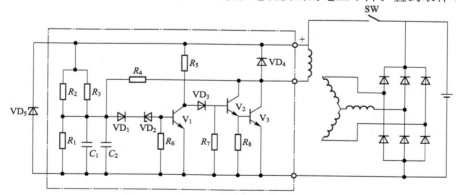

图 2.13 JFT106 型晶体管调节器电路图

R_1—1kΩ;R_2—510Ω;R_3—3.6kΩ;R_4—240kΩ;R_5、R_6、R_7—510Ω;
R_8—100Ω;C_1、C_2—4.7μF;V_1—3DG182A;V_2—3DD18B;
V_3—3DD102;VD_1、VD_3—2CZ82C;VD_2—2CW1

稳压管 VD_2 的击穿电压，形成新一轮循环。JFT106 型调节器用于外搭铁型交流发电机。

2. JFT126 型（JFT246 型）晶体管调节器

JFT126 型（JFT246 型）晶体管调节器用于内搭铁型交流发电机。如图 2.14 所示，当电源电压低时，R_1 与 R_2 联结点的电压低，R_2 两端压差小，即 V_1 发射极至联结点的压差小不能击穿稳压二极管形成基极电流导通。V_1 因此截止。电流由电源正极经点火开关 SW、V_2 发射极至基极、VD_3、R_4 到电源负极。此电流是 V_2 的基极电流，使 V_2 的发射极到集电极导通，V_2 的集电极接 V_3 基极，因而 V_3 导通并饱和（电流经过多次放大）。于是励磁电流由电源正极→V_3 集电极→V_3 发射极→调节器 F 端→发电机 F 端→励磁线圈→电源负极。发电机输出电压逐步升高。

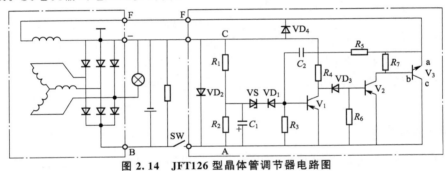

图 2.14　JFT126 型晶体管调节器电路图

随着电源电压升高，R_1 与 R_2 联结点的电压压差也增大，当 V_1 发射极与联结点的压差大到能击穿稳压二极管时形成基极电流导通。V_1 发射极与集电极导通，集电极电位升高，当 V_1 集电极电位与电源正极的压差小于 V_2 发射极与基极导通需要值时，V_2 截止，V_3 也截止，切断了励磁电流能量的补充通路。励磁电流通过 VD_4 逐步衰减，发电机输出电压逐步降低至不能击穿稳压二极管使 V_1 截止，形成新一轮循环。

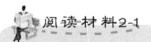阅读材料2-1

晶体管开关电路的计算

晶体管开关电路的特点是晶体管工作在截止与饱和两种状态。晶体管工作在截止状态时的集电极与发射极之间基本无电流通过，工作在饱和状态时集电极与发射极之间电压降只有 0.3V 左右。下面按图 2.13 JFT106 型晶体管调节器电路图所给的数据，计算电源电压为 14V 励磁线圈电阻为 5Ω 时各电路的电流值。注意下面计算中二极管正向压降取 0.7V，并作为已知值。

(1) 流过晶体管 V_3 集电极至发射极的电流

$$I_{3C}=[(14-0.3)]/5A=2.74A$$

(2) 流过 R_8 电阻的电流。由于它与 V_3 基极至发射极并联，只有一个二极管压降，所以有

$$I_{R8}=(0.7/100)A=0.007A=7mA$$

(3) 流过 R_7 电阻的电流。由于它通过 V_2 基极至 V_3 发射极并联，有两个二极管压降，所以有

$$I_{R7}=(2\times0.7)\text{A}/510=0.0027\text{A}=2.7\text{mA}$$

(4) 流过 R_5 电阻的电流。由于它通过二极管与 V_2 基极至 V_3 发射极联负极,有 3 个二极管压降,所以有

$$I_{R5}=[(14-3\times0.7)/510]\text{A}=0.023\text{A}=23\text{mA}$$

它比 V_1 导通,V_2、V_3 截止流过 R_5 电阻的电流要小。

当 V_1 导通,V_2、V_3 截止流过 R_5 电阻的电流 $I_{R5}=[(14-0.3)/510]\text{A}=0.027\text{A}=27\text{mA}$

(5) 流过晶体管 V_2 基极的电流

$$I_{V2b}=I_{R5}-I_{R7}=(0.023-0.0027)=0.0203\text{A}=20.3\text{mA}$$

(6) V_2、V_3 最小放大倍数 β_E 求解

$$\beta_E=2.74/0.0203=135$$

(7) 根据 V_1 导通,V_2、V_3 截止流过 R_5 电阻的电流 $I_{R5}=0.027\text{A}$,可求 V_1 饱和要求的最小基极电流 $I_b=0.027/\beta$,式中 β 为 V_1 的放大倍数。

(8) V_1 导通,R_1 两端的电压 $U_{R1}=(0.7+VD_2$ 稳压值 $+0.7)$V

2.3.3 集成电路调节器

集成电路又称 IC 电路,可根据使用要求,将电路中的若干元件集成在同一基片上,制成一个独立的电子芯片。由于集成电路具有体积小、可靠性高、成本低、适应性强等优点,因而广泛用于汽车电子工业。根据输入电压信号检测点的不同,集成电路调节器的基本电路可分为蓄电池电压检测法和发电机电压检测法。蓄电池电压检测法调节器的取样电压来自蓄电池。发电机电压检测法调节器的取样电压来自发电机。图 2.15(a) 所示的电路采用蓄电池电压检测法;图 2.15(b) 所示的电路采用发电机电压检测法;图 2.15(c) 所示为集成电路调节器实物。

1. 集成电路调节器的工作原理与型式

集成电路调节器的工作原理与晶体管调节器相同,都是根据发电机的电压信号(输入信号),利用晶体管的开关特性控制发电机的磁场电流,达到稳定发电机输出电压的目的。内装有集成电路调节器的发电机称为整体式发电机。

集成电路调节器的基本电路可采用蓄电池电压检测法和发电机电压检测法。相比而言,采用发电机电压检测法,可省去信号输入线,缺点是当发电机至蓄电池电路上的压降损失较大时,可导致蓄电池的端电压偏低引起蓄电池充电不足。因此,一般大功率发电机多采用蓄电池电压检测法,使蓄电池的端电压得以保证。但采用蓄电池电压检测法后,若发电机的电压输出线或信号输入线断路时,由于无法检测发电机的工作情况,可造成发电机失控现象。故在大多数实用电路的设计中,对具体电路作了相应改进。例如国产 JFT152 型集成电路调节器。国产 JFT152 型集成电路调节器是长沙汽车电器厂生产的一种厚膜混合集成电路调节器,适用 14V、350~500W 的外搭铁交流发电机,如东风 EQ1090 汽车装用的 JFZ132N、JFZ13A、JFZ13E 等交流发电机。JFT152 型集成电路调节器电路图如图 2.16 所示。所谓内搭铁交流发电机是指磁场绕组的一端与发电机壳体相连后搭铁,而外搭铁交流发电机是指磁场绕组的一端经调节器后搭铁。

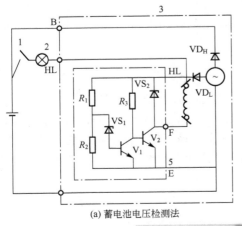
(a) 蓄电池电压检测法

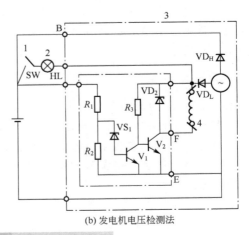
(b) 发电机电压检测法

(c) 五菱兴旺等汽车发电机调节器实物

图 2.15 集成电路调节器

1—开关；2—充电指示灯；3—发电机；4—磁场绕组；5—调节器；
VD_H—发电机对外输出整流器；VD_L—发电机提供磁场电流整流器

2. JFT152 型集成电路调节器的基本工作原理

如图 2.16 所示，接通点火开关 SW 后，蓄电池的端电压加在控制电路 R_1、R_2、R_3 组成的分压器上，当分压电阻 R_3 上的电压降小于稳压管 VS 的反向击穿电压时，VS 截止，VT_1 因无正向偏压而截止。在偏置电阻 R_5 的作用下，复合管 VT_2、VT_3 导通，蓄电池向发电机提供励磁电流，发电机的输出电压随转速上升。当发电机的输出电压随转速上升且高于调节电压上限时，分压电阻 R_3 上的压降升高至稳压管的击穿电压，稳压管 VS 被击穿导通，VT_1 随之饱和导通，复合管 VT_2、VT_3 截止，切断发电机的励磁电流，使发电机的输出电压迅速降低。

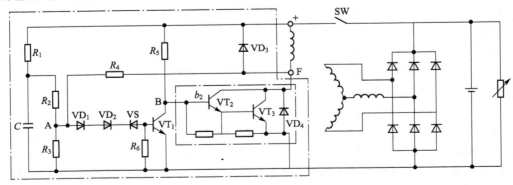

图 2.16 国产 JFT152 型集成电路调节器电路图

当输出电压降低于调节电压下限时,稳压管又截止,VT_1 截止,复合管 VT_2、VT_3 又导通,磁场电路中励磁电流又逐渐增大,使发电机的输出电压又逐步升高。周而复始,可使发电机的输出电压保持稳定。

3. 夏利轿车集成电路调节器

图 2.17 所示为夏利轿车用集成电路调节器电路图。该调节器内有一单片 IC 电路,它的 IG 端经点火开关接至蓄电池,用于检测蓄电池和发电机电压,从而控制晶体管 VT_2 的导通与截止。它的 P 端接至发电机定子绕组某一相上,该点电压为交流发电机直流输出电压的一半。单片集成电路调节器从 P 端检测到交流发电机的电压,用来控制晶体管 VT_1 的导通与截止。

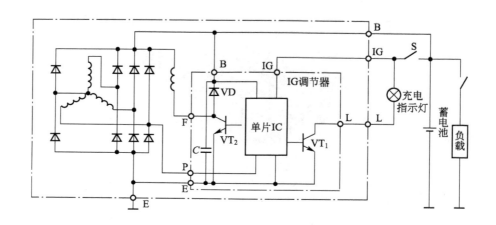

图 2.17 夏利轿车用集成电路调节器电路图

该调节器的工作原理如下:

(1) 接通点火开关,发电机未运转时,蓄电池电压经点火开关加到发电机的 IG 端和调节器的 IG 端,单片 IC 电路检测出该电压,使 VT_2 导通,于是磁场电路接通。其电流流向蓄电池正极→发电机 B 端→磁场绕组→调节器 F 端→VT_2(集电极至发射极)→E 端→搭铁→蓄电池负极。

此时,发电机不发电,P 端电压为零,单片 IC 电路检测出该电压,使 VT_1 导通,于是充电指示灯亮,指示蓄电池放电。

充电指示灯电路为:蓄电池正极→点火开关→充电指示灯→L 端→VT_1(集电极至发射极)→E 端→搭铁→蓄电池负极。

(2) 当发电机转速升高,输出电压超过蓄电池电压时,P 端电压信号使 IC 电路控制 VT_1 截止,于是充电指示灯熄灭,指示发电机开始向蓄电池充电,并向用电设备供电。

(3) 当发电机电压升高,超过调节电压值时,B 端电压信号使 IC 电路控制 VT_2 截止,切断了磁场电流,使发电机电压下降。当发电机电压下降到低于调节电压值时,IC 电路又控制 VT_2 导通,磁场电流又接通,发电机电压又升高,该过程反复进行,使 B 端电压稳定于调压值。

（4）当磁场电路断路使发电机不发电时，P 端电压为零，单片 IC 电路检测出该点电压信号后便控制 VT_1 导通，使充电指示灯亮，从而告知驾驶人充电系统出现故障。

（5）发电机运行中，如发电机输出端 B 与蓄电池正极的连线断开，单片 IC 电路通过 P 端检测出发电机端电压，使调节器仍然正常工作，防止了发电机输出电压过高。

4. 奥迪 100 轿车及桑塔纳轿车用交流发电机

奥迪 100 轿车及桑塔纳轿车用交流发电机采用内装集成电路调节器的整体式高效交流发电机，其电路图如图 2.18 所示，该发电机采用 11 只整流二极管作为整流器，其中 6 只为三相整流二极管，2 只为中性点输出整流二极管，3 只为励磁二极管。高效发电原理下节将会介绍。

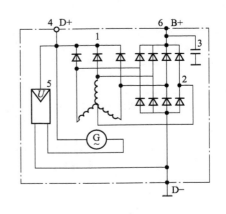

图 2.18　整体式高效交流发电机

1—励磁二极管；2—中性二极管；3—防干扰电容；
4—D+ 接线柱；5—电压调节器；6—B+ 接线柱

2.3.4　其他类型发电机

目前汽车除使用普通交流发电机外，还广泛使用其他类型的交流发电机，如高效交流发电机。

1. 高效交流发电机

在交流发电机三相绕组的中点与交流发电机的输出端及搭铁端连接两只二极管，利用中性点的谐波电压提高交流发电机的输出功率。其原理如下：星形联结的电枢绕组中点的平均电压是发电机端电压的 1/2，实际上，中点电压包含直流分量与交流分量。交流分量以平均电压为中心交变振荡，其振幅随发电机转速的上升而增大（图 2.19）。发电机转速高于 2000 r/min 时，中点的瞬时峰值电压就可能高于发电机的输出电压。当连接中性点二极管后，中性点瞬时电压高于发电机输出电压 U_B，VD_7 导通，电流通路如图 2.20（a）所示；中性点瞬时电压低于搭铁电位时，VD_8 导通，电流通路如图 2.20（b）所示。中性点二极管利用了中性点的瞬时峰值电压向外输出电流，从而提高了发电机的输出功率。

2. 无刷交流发电机

普通交流发电机需要通过电刷与集电环将励磁电流导入旋转的磁场绕组，工作中如果出现电刷过度磨损、电刷在刷架中卡滞、电刷弹簧失效、集电环脏污，将会引起电刷与集电环接触不良而使发电机不发电或发电不良。无刷交流发电机避免了普通交流发电机的这一缺陷。无刷交流发电机有爪极式、励磁机式、感应式、永磁

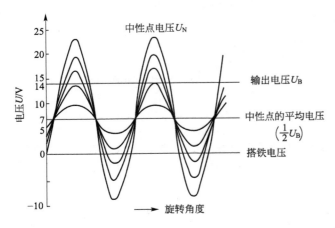

图 2.19　中性点的谐波电压波形

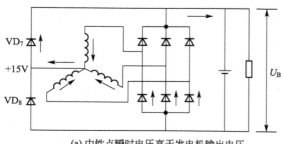

(a) 中性点瞬时电压高于发电机输出电压

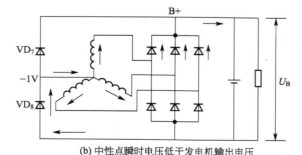

(b) 中性点瞬时电压低于发电机输出电压

图 2.20 中性点的二极管工作原理

式等，而且爪极式无刷交流发电机已在汽车上应用。下面介绍爪极式无刷交流发电机。

爪极式无刷交流发电机的磁场绕组通过一个磁轭托架固定在后端盖上，两个爪极只有一个直接固定在转子轴上，另一爪极通过非导磁连接环固定在前一爪极上，如图 2.21 所示。转子转动时，一个爪极就带动另一爪极一起转动。当固定不动的磁场绕组通入直流电后，产生的磁场使一边爪极磁化为 N 极，另一边磁化为 S 极，并经气隙和定子铁心形成的闭合磁路。转子的转动使定子内形成交变的磁场，三相电枢绕组便产生三相交流电动势，再经三相整流电路整流后输出直流电。爪极式无刷交流发电机的主要缺点是磁轭托架与爪极和转子磁轭之间存在附加间隙，漏磁较多，因此要达到普通交流发电机同等输出功率，必须增大磁场绕组的励磁能力。

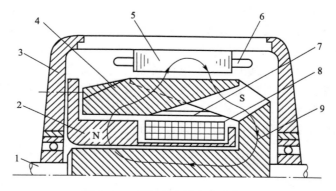

图 2.21 爪极式无刷交流发电机
1—转子轴；2—磁轭托架；3—端盖；4—爪极；
5—定子铁心；6—定子绕组；7—非导磁连接环；8—磁场绕组；9—转子磁轭

2.3.5 发电机充电指示灯控制电路

现代汽车仪表板上均设有充电指示灯，在接通点火开关时，充电指示灯亮起，而在发动机起动后发电机正常发电时，充电指示灯熄灭。充电指示灯的主要作用是指示充电系统是否正常，同时也起到了点火开关未关的提示作用。

根据发电机及所配调节器结构形式的不同，充电指示灯的控制电路有多种形式。现举例说明几种常见的充电指示灯控制电路。

1. 发电机端压直接控制方式

发电机端电压直接控制方式,充电指示灯两端分别接蓄电池和发电机磁场绕组 L 端。利用发电机磁场绕组供给的电流的不同来判断发电机是否发电。当发电机不发电,磁场绕组供给的电流由蓄电池供给时,充电指示灯由于有电流流过而发光。当发电机发电,磁场绕组供给的电流由发电机供给时,充电指示灯由于无电流流过而不发光。

2. 发电机端电压继电器控制方式

充电指示灯继电器线圈由发电机端电压控制的电路如图 2.22 所示。

发电机为九管整流型,充电指示灯继电器触点 K 为常开,继电器线圈受发电机端电压控制。当接通点火开关而未起动时,调节器 1 内的开关晶体管处于导通状态,充电指示灯继电器线圈通路(蓄电池正极→点火开关 5→磁场绕组 L→调节器 1→搭铁),产生磁力将充电指示灯继电器触点 K 吸合,充电指示灯 4 亮。起动发动机后,发电机正常工作时,D 端正常的输出电压高于蓄电池电压,VD 反向截止,使磁场绕组 L 断电,K 断开,充电指示灯 4 熄灭。

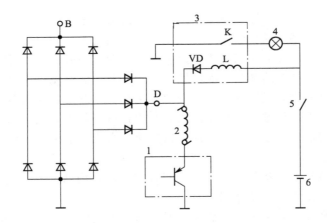

图 2.22 充电指示灯继电器线圈由发电机端电压控制的电路
1—调节器;2—发电机磁场绕组;3—充电指示灯继电器;
4—充电指示灯;5—点火开关;6—蓄电池

2.4 发电机及调节器的使用与维修

2.4.1 使用与维护操作注意事项

发电机及调节器若使用与维护不当,易造成损坏,影响正常使用;若发电机输出电压过高还会损害汽车上的其他电子设备,甚至造成事故。因此,在日常使用与维修中,应注意避免不当的操作。

(1) 不能用刮火的方法检查发电机是否发电,否则将损坏整流二极管及电子调压器的其他电子元器件。

（2）由于电子元器件与整流二极管不能耐高压，因此在整流二极管与电枢绕组脱开以前，不能用兆欧表或220V的交流电来检查发电机电枢绕组的绝缘情况。

（3）更换调节器时，应该使用搭铁相同的配套调节器。

故障实例，本章导入案例中述及小王的汽车无法起动，他打电话给维修站，很快抢修车将小王的汽车拖到了维修站。维修站的张师傅了解情况后，首先将小王汽车上的蓄电池拿下来充电，然后将维修站12V备用蓄电池装到小王的汽车上，并起动发动机，加速后充电指示灯仍亮。张师傅将发电机输出端B+的螺母拧开并拿下输出线，然后逐渐加速，用万用表测得发电机B+的最高电压不超过12V，他判断发电机出现故障。于是将发动机熄火，并从汽车上拆下发电机。经仔细检查，发现电刷卡死导致与集电环严重接触不良。更换电刷并装复后，发电机正常工作。排查故障的1小时小王汽车上的蓄电池经过充电，也能使用了。张师傅将小王汽车上的蓄电池重新装回，起动发动机并逐渐加速，充电指示灯熄灭，故障排除，小王继续赶路。

2.4.2 发电机及调节器常见故障及故障诊断

发电机及调节器常见故障是不充电、充电电流过大或过小、充电电流不稳定等。由于故障原因是多方面的，所以首先应该确定是不是交流发电机及调节器的原因。为此可对发电机作空载实验。首先检查发电机传动带是否松动打滑，如果是予以排除。如果不是，则将发电机的输出端B+与电路断开，起动发动机，用万用表直流电压挡测其电压。若发动机在中等或较低转速能够达到额定电压，则故障不在交流发电机及调节器上，应找别的原因。若发电机电压过高，则故障在调节器上，应更换调节器。若发电机的输出端B+电压很低或只有在高转速时才能达到额定电压，则故障在交流发电机及调节器，必须将发电机解体检查。

发电机可能的故障有电枢绕组短路、断路或搭铁；磁场绕组短路或搭铁；整流二极管断路或短路；电刷与集电环严重接触不良等。

由于目前使用的调节器一般为集成电路调节器，因此出现故障后只能更换。

汽车电路上出现不充电、充电电流过大或过小、充电电流不稳定等故障，还有可能是电源电路某部分破损搭铁，接线柱松脱，接触不良和蓄电池导致的。通过检查相关线路有无搭铁、相关线路线束有无破损、检测蓄电池可找出原因。

充电电流过大的故障现象表现是汽车各种灯泡易烧，蓄电池电解液消耗过快（装有电流表的充电系统电流表始终指示10A以上的充电电流）。故障原因是调节器失调（电子调节器开关晶体管短路或其他电子元器件故障而使开关晶体管不能截止）。因此应更换调节器。更换晶体管调节器首先应对晶体管调节器进行检测。

1. 晶体管调节器搭铁类型的判别

晶体管调节器分为与内搭铁交流发电机配合使用和与外搭铁交电机配合使用两大类，简称为内搭铁调节器和外搭铁调节器。两类调节器与发电机配合使用时的线路连接各不相同。这两类国产晶体管调节器从外观上无法区分，一般均有"+B"、"F"、"—"3个接线柱。因此首先必须确定晶体管调节器是外搭铁调节器还是内搭铁调节器。判别方法是模拟调节器的工作电路，用12V灯泡代替磁场绕组进行判别，具体方法如下。

(1) 将晶体管调节器的"+""−"接线柱分别接直流稳压电源的正、负极。将直流稳压电源预调至 12V,如图 2.23 所示。

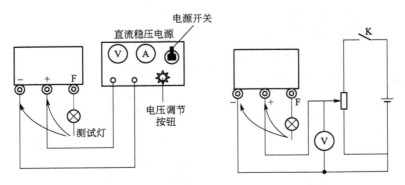

图 2.23 晶体管调节器类型的判断与性能检测接线图

(2) 用 12V 灯代替发电机磁场绕组,一端接到调节器的"F"接线柱上,另一端先后去触碰调节器的"+"和"−"接线柱。

① 当灯另一端碰接"+"接线柱时灯亮,而碰接"−"接线柱时灯不亮,则晶体管调节器为外搭铁调节器。

② 当灯另一端碰接"−"接线柱时灯亮,而碰接"+"接线柱时灯不亮,则晶体管调节器为内搭铁调节器。

③ 若灯另一端在碰接"+"、"−"接线柱时均不亮,则晶体管调节器内部断路损坏。

2. 晶体管调节器的性能及故障检测

在判定晶体管调节器的类别后,应进一步检测晶体管调节器调节电压是否符合规定值,检测方法如下。

(1) 将灯一端接调节器的"F"接线柱上,另一端接调节器的"+"(外搭铁调节器)或"−"(内搭铁调节器)。晶体管调节器的"+"、"−"接线柱分别接至电池分压器或直流稳压电源的正、负极,并将电压逐渐上调至 12V。灯应随电压上升而由暗转亮。

(2) 逐步调高直流稳压电源电压,当电压上升至 15V 左右时,灯熄灭,则晶体管调节器工作正常。

(3) 逐步调低直流稳压电源电压,当电压下降至 13.5V 时,灯又重新发亮,则晶体管调节器工作正常。

(4) 若按判断晶体管调节器搭铁类型的步骤①、②进行时,灯始终不亮,则晶体管调节器内部出现断路故障。

(5) 若按判断晶体管调节器搭铁类型的步骤③逐步调高电源电压时,超过规定的调节电压,灯始终不能熄灭,则晶体管调节器内部出现击穿短路故障。

2.4.3 电源电路实例分析

图 2.24 所示为广州本田雅阁电源电路。该电源电路的蓄电池经黑线和 No.32 熔断器后分成三路。第一路经黑线与交流发电机输出接头 B 并联,该线为汽车电源输出线。第二

路经 No.36 熔断器后再经白/绿线连接到 No.4 熔断器,再经白/绿线后连接到发电机 S 极。第三路经 No.33 熔断器后通过白线连接到点火开关,经 No.14 号熔断器分为两路,一路经黄黑线后连接发电机 IG 极;另一路经充电系统指示灯由白/蓝线连接到发电机 L 极。

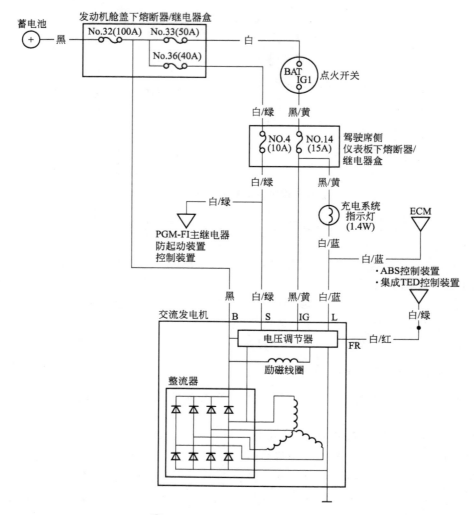

图 2.24 广州本田雅阁电源电路

习 题

一、填空题

1. 交流发电机定子绕组产生的交流电,通过硅整流二极管组成的整流电路转变为直流电。二极管具有单向导电性,当二极管加正向电压时,二极管_____,呈现_____状态;当二极管加反向电压时,二极管_____,呈现_____状态。利用二极管的单向导电性,即可把交流电转变成直流电。

2. 内搭铁是一个电刷的引线与_____相连接，另一个电刷的引线与固定在发电机端盖上的磁场接线柱相连接。外搭铁是两个电刷的引线均与固定在发电机端盖上的_____相连接。

二、名词解释

1. 高效交流发电机
2. 整体式交流发电机

三、思考题

1. 汽车发电机的作用是什么，它的主要部件有哪些？
2. 汽车发电机整流器的作用是什么？
3. 汽车发电机调节器的作用是什么？
4. 汽车发电机的工作特性有哪些？
5. 不从汽车上拆下发电机，怎样判断发电机性能（是否发电）？
6. 简述JFT106型晶体管调节器的工作原理。

第3章 起动机

本章学习目标

了解起动系统的组成和作用；
理解起动系统的工作过程；
掌握起动机的起动原理；
掌握起动系统的故障分析与排除。

本章教学要点

知识要点	能力要求	相关知识
起动机的组成及作用	了解起动系统的组成及作用；掌握起动机的组成及作用	起动系统和起动机的区别
直流电动机	掌握直流串励式电动机的结构、工作原理及转矩自动调节原理	直流电动机的组成、电磁转矩的产生及自动调节
传动机构	了解传动机构的作用、类型；掌握单向离合器的结构及工作原理	滚柱式单向离合器、摩擦片式单向离合器、扭簧式单向离合器
电磁开关	掌握电磁开关的组成、作用及工作过程	吸引线圈、保持线圈
起动机控制电路	掌握起动机控制电路的形式及工作原理	起动开关直接控制的起动电路、带起动继电器的起动电路、组合继电器控制的起动机驱动保护电路、装有安全继电器的起动机驱动保护电路、装有空挡起动开关控制的起动电路
起动机的使用与常见故障及排除	了解起动机的使用注意事项；掌握起动机的检修方法及常见故障的排除	起动机不转、起动机运转无力故障排除、起动机保养方法

起动机 第3章

 导入案例

故障现象：一辆配置QD-1225型起动机的桑塔纳轿车，当点火开关置于起动挡时，能听到"嗒嗒嗒"的声音，但起动机运转无力，发动机很难起动。

故障检修：用万用表进行测试，发现蓄电池技术状况良好，且其火线、搭铁线及发动机与车架间的搭铁线均无松动、氧化腐蚀、绝缘不良等情况。最后测试起动机电压降时，万用表读数为7.8V，初步判断是起动机内部出现故障。分解起动机进行检查，发现磁场线圈接触牢固，电磁开关工作可靠，轴承松紧度合适，电枢轴无弯曲，电刷弹簧压力正常，电刷与换向器接触面积符合要求，基本排除了机械阻力的可能。针对起动机工作不久温度即过高的情况，进一步测试，发现电枢线圈与换向器接触点电阻飘移较大。经仔细观察，该点采用的是挤压方式连接，因其接点挤压不紧，致使电枢线圈与换向器接触不良。

故障排除：用75W的电烙铁，采用锡焊将接点焊牢，清除接点之间多余的焊锡后装复试验，起动机转动有力，发动机能顺利起动。

维修总结：起动机是把电能转化为机械能并通过啮合齿轮对外做功的装置，其工作原理是通电导体在磁场中运动。上述故障的出现是由于此车使用时间较长，电枢在起动时又高速旋转，使矩形铜条绕组始终处于离心力作用下，导致电枢线圈与换向器之间的连接接点悬浮，使其电阻值变大，电枢线圈的电流则减小，起动机便因转矩不足而运转无力。

3.1 概　　述

3.1.1 起动系统的组成

发动机起动系统由蓄电池、起动机及起动机控制电路组成，如图3.1所示。

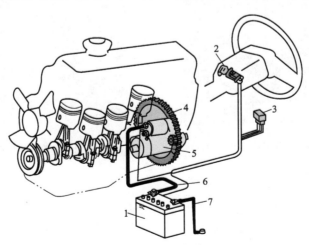

图 3.1　起动系统的组成

1—蓄电池；2—点火开关；3—起动继电器；4—飞轮；5—起动机；6—起动机电缆；7—接地电缆

43

1. 蓄电池

蓄电池用于向起动机提供电能,由多股铜线组成的电缆线将蓄电池的正极与起动机的电源接线柱相连接,蓄电池的负极则通过搭铁线连接到车身或车架上。

2. 起动机

起动机的作用是将蓄电池的电能转变成电磁转矩,驱动发动机,使发动机工作。起动机由直流电动机、传动机构和电磁开关三部分组成。

3. 起动机的控制电路

起动机的控制电路用于控制起动机电磁开关的通断电,一些起动机控制电路还具有驱动保护控制。起动机控制电路的主要部件是起动开关和起动继电器。

起动开关:汽油发动机的起动开关与点火开关安装在一起,形成复合式开关,通常简称点火开关。

起动继电器:起保护(起动开关)和自动控制(发动机起动后使起动机自动停止工作)作用,在部分汽车上装用。

3.1.2 起动机的类型

起动机有多种结构形式,其不同的分类方式如下:

1. 按电动机磁场产生的方式分

(1)励磁式起动机。励磁式起动机所用的直流电动机,其磁极磁场由磁极绕组通入电流产生,目前汽车上所使用的起动机大都属于此种类型。图3.2所示为励磁式起动机。

(2)永磁式起动机。永磁式起动机所用的直流电动机,其磁极用永久磁铁制成,磁极无励磁绕组,也不需通入电流。永磁式起动机在小汽车上应用逐渐增多。图3.3所示为永磁式起动机。

图3.2 轿车用励磁式起动机

图3.3 永磁减速起动机

2. 按起动时起动机的操纵方式分

(1)直接操纵式起动机。起动时,由驾驶人通过加速踏板起动或手拉起动拉杆直接操纵拨叉,推动驱动齿轮轴向移动而啮入飞轮齿圈,并由操纵杆上顶压螺钉推动接触盘接通电动机电路。直接操纵式起动机结构简单,但使发动机的布置受到局限,且起动操作比较麻烦,因此现已被淘汰。

(2) 电磁操纵式起动机。起动时，由驾驶人通过起动开关使电磁开关通电，电磁开关通电后产生的电磁力控制驱动齿轮啮入飞轮齿圈和接通电动机电路。电磁操纵式起动机可使发动机的布置不受到局限，且工作可靠、操纵简单，现已被普遍采用。

3．按驱动齿轮啮入的方式分

(1) 惯性啮合式。起动时，依靠驱动齿轮自身旋转的惯性力产生轴向移动，并啮入飞轮齿圈。惯性啮合方式结构简单，但工作可靠性较差，现已很少采用。

(2) 电枢移动式。起动时，依靠磁极产生的电磁力吸引电枢轴向移动，并带动固定在电枢轴上驱动齿轮啮入飞轮齿圈。电枢移动式起动机的结构比较复杂，主要用于欧洲国家生产的柴油车上。

(3) 磁极移动式。起动时，依靠磁极产生的磁力使其中的活动铁心移动，带动驱动齿轮啮入飞轮齿圈。磁极移动式起动机的磁极结构较复杂，目前采用这种结构形式的起动机较少。

(4) 齿轮移动式。起动时，依靠电磁开关推动电枢轴孔内的啮合杆，而使驱动齿轮啮入飞轮齿圈。齿轮移动式结构也比较复杂，采用此结构的一般为大功率的起动机。

(5) 强制啮合式。起动时，依靠人力（现已被淘汰）或电磁力通过拨叉或直接推动驱动齿轮作轴向移动啮入飞轮齿圈。强制啮合式起动机工作可靠、结构也不复杂，因此使用最为广泛。

4．按传动机构结构分

(1) 普通起动机。普通起动机是指电磁操纵强制啮合式起动机，其电动机与驱动齿轮之间通过单向离合器连接，其传动机构简单、工作可靠，在汽车上得到了广泛的应用。

根据 QC/T 73—1993《汽车电气设备产品型号编制方法》规定，国产起动机的型号表示如下：

$\boxed{1}\ \boxed{2}\ \ \boxed{3}\ \ \boxed{4}\ \ \boxed{5}$

① 产品代号：由汉语拼音字母表示，QD 表示起动机，QDJ 表示减速起动机，QDY 表示永磁起动机。

② 电压等级代号：由阿拉伯数字表示，1 表示 12V，2 表示 24V。

③ 功率等级代号：由阿拉伯数字表示，其含义见表 3-1。

④ 设计序号：按产品设计先后顺序，由 1~2 位阿拉伯数字组成。

⑤ 变型代号：主要参数和基本结构不变的情况下，一般参数的变化或结构有某些变化时称变型，用汉语拼音大写字母 A、B、C……顺序表示。

例如：QD1225 表示额定电压为 12V，功率为 1~2kW，第 25 次设计的起动机。

表 3-1 起动机功率等级

功率等级代号	1	2	3	4	5	6	7	8	9
功率/kW	<1	1~2	2~3	3~4	4~5	5~6	6~7	7~8	>8

(2) 减速起动机。在起动机的电枢轴与驱动齿轮之间装有齿轮减速器的起动机，称为减速起动机。串励式直流电动机的功率与其转矩和转速成正比，可见，当提高电动机转速

的同时降低其转矩时，可以保持起动机功率不变，故当采用高速、低转矩的串励式直流电动机作为起动机，在功率相同的情况下，可以使起动机的体积和质量大大减小。但是，起动机的转矩过低，不能满足起动发动机的要求。为此，在起动机中采用高速、低转矩的直流电动机时，在电动机的电枢轴与驱动齿轮之间安装齿轮减速器，可以在降低电动机转速的同时提高其转矩。减速机构速比一般为2～5，减速机构采用齿轮传动，有外啮合式、内啮合式和行星齿轮啮合式，如图3.4所示。减速起动机增设了减速机构后，可采用小型高速低转矩的电动机，电动机电流也可减小，因而减速起动机具有结构尺寸小、质量轻、便于安装、起动可靠等优点，此外，减速起动机的起动性能提高，可减小蓄电池的负担。因此减速起动机已在小轿车上逐渐推广，目前，丰田系列轿车和部分奥迪轿车采用的是行星齿轮式减速起动机。

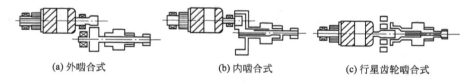

(a) 外啮合式　　　　(b) 内啮合式　　　　(c) 行星齿轮啮合式

图3.4　减速起动机的类型

3.2　起动机的组成与工作原理

现代汽车用起动机由直流电动机、传动机构和电磁开关三部分组成，其结构如图3.5所示。

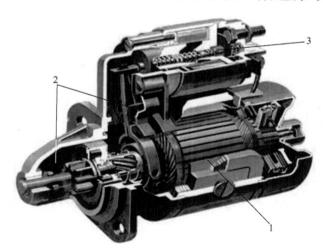

图3.5　起动机的结构

1—直流电动机；2—传动机构；3—电磁开关

直流电动机：将蓄电池输入的电能转换为驱动发动机转动的电磁转矩。汽车起动机普遍采用直流串励式电动机与永磁起动机。

传动机构：将电动机所产生的电磁转矩传递给发动机飞轮，并在发动机起动后自动断开发动机向起动机的逆向动力传递。

电磁开关：控制起动机驱动齿轮与发动机飞轮的啮合与分离，且同时控制电动机电路的通断；一些汽油发动机上使用的起动机的电磁开关还兼有在起动时短路点火线圈附加电阻的作用。

3.2.1 直流电动机

1. 直流电动机的组成部件

直流电动机由电枢、磁极、换向器、电刷与电刷架及其他附件组成，如图3.6所示。

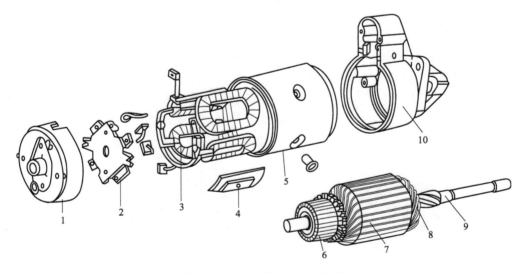

图3.6 直流电动机的组成部件
1—端盖；2—电刷架；3—磁场绕组；4—磁极铁心；5—电动机壳体；6—换向器；
7—电枢铁心；8—电枢绕组；9—电枢轴；10—后端盖

（1）电枢总成。电枢总成的作用是通入电流后，在磁极磁场的作用下产生一个方向不变的电磁转矩，是电动机的转子部分。电枢总成由电枢轴9、电枢铁心7、电枢绕组8及换向器6等组成，如图3.6所示。

电枢铁心用多片内外圆均带槽、表面绝缘的硅钢片叠成，通过内圆花键槽固定在电枢轴上，外圆槽内绕有电枢绕组；电枢绕组一般用较粗的扁铜线，采用波绕法绕制，各绕组的端子焊接在换向器铜片上。

换向器的作用是连接磁场绕组、电枢绕组和电源，保证电枢产生的电磁力矩方向不变。

换向器由铜片和云母片叠压而成，压装于电枢轴的一端，云母片使铜片间、铜片与轴之间均绝缘。根据材质的不同，换向器铜片之间的云母片有低于铜片和与铜片平齐两种。电刷较硬的换向器，其云母片低于铜片，主要是为了避免铜片磨损后云母片外突而造成电刷与换向器接触不良；电刷较软的换向器，其云母片则与铜片平齐，主要是防止电刷粉末落入铜片之间的槽中而造成短路。国产起动机换向器云母片一般不低于铜片，但许多进口汽车的起动机换向器云母片却低于铜片。

（2）磁极。磁极的作用是在电动机内形成电磁场，是电动机的定子部分。永磁式电动

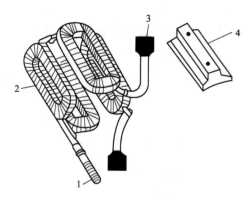

图 3.7 磁极的组成

1—绝缘接线柱；2—磁场绕组；
3—绝缘电刷；4—磁极铁心

机的磁极是永磁铁；励磁式电动机的磁极由铁心和磁场绕组构成，如图 3.7 所示。磁场绕组用矩形截面的裸铜条绕制而成，磁极铁心通过螺钉固定在电动机壳体上。汽车用起动机一般采用 4 个磁极，为增大起动及电磁转矩，有的大功率起动机采用 6 个磁极。电枢绕组与磁场绕制常见的连接方式有两种：一种是 4 个绕组互相串联，如图 3.8(a)所示；另一种是 4 个绕组两两串联后再并联，如图 3.8(b)所示。

磁场绕组一端接在外壳的绝缘接线柱上，另一端与两个非搭铁电刷相连，当起动开关接通时，起动机的电路为：蓄电池正极→绝缘接线柱→磁场绕组→绝缘电刷→电刷绕组→搭铁电刷→搭铁→蓄电池负极。

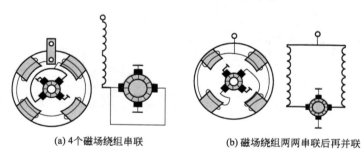

(a) 4个磁场绕组串联　　(b) 磁场绕组两两串联后再并联

图 3.8 磁极绕组的连接

（3）电刷与电刷架。电刷的作用是将电流引入电动机。电刷用铜和石墨粉压制而成，加入铜粉是为了减小电阻和增加耐磨性。电刷装在电刷架中，借助盘形弹簧压力将其紧压在换向器上，电刷架固定在前端盖上，如图 3.9 所示。电刷的个数与磁极数相同，4 个磁极的电动机中两个电刷架与端盖绝缘，称为绝缘电刷架，另外两个电刷架与端盖直接铆合而搭铁，称为搭铁电刷架。也有的电动机是通过磁场绕组的一端与机壳连接实现内部电路搭铁，这种电动机的所有电刷架都与机壳绝缘。

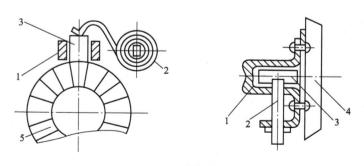

图 3.9 电刷与电刷架

1—柜式电刷架；2—盘形弹簧；3—电刷；4—前端盖；5—换向器

(4) 轴承与端盖。电动机轴承安装于前后端盖上，端盖与机壳用螺栓固定。普通起动机的电动机一般采用青铜石墨滑动轴承或铁基含油滑动轴承，可承受冲击性载荷，减速起动机由于电枢的转速很高，电动机轴承一般采用滚柱轴承或滚珠轴承。

起动机有前后两个端盖。前端盖用钢板压制，内装电刷架。后端盖用灰铸铁铸成，内装电动机传动机构、拨叉座及驱动齿轮行程调整螺钉。每个端盖的中间均装有青铜石墨轴承或铁基含油轴承；后端盖与机壳之间装中间轴承板，对轴起中间支承作用。整机由两个长螺栓与电动机壳体固定在一起。

2. 直流电动机工作原理

(1) 电磁转矩的产生。直流电动机依靠带电导体在磁场中受磁场力的作用而产生电磁转矩，其工作原理如图 3.10 所示。

电源的直流电通过电刷和换向铜片引入可转动的电枢绕组，如图 3.10(a) 所示，此时绕组中的电流方向是 $a \to b \to c \to d$，由左手定则可以确定导体 ab 受向左的作用力 F_1，导体 cd 受向右的作用力 F_2，且 $F_1 = F_2$，整个绕组受到逆时针方向的转矩作用而转动。当电枢转到图 3.10(b) 所示的位置时，绕组的电流方向为 $d \to c \to b \to a$，导体 ab 和导体 cd 受磁场力 F 作用而形成的电磁转矩 M 方向保持不变。这样在电源连续对电动机供电时，电枢便可按同一方向持续转动。

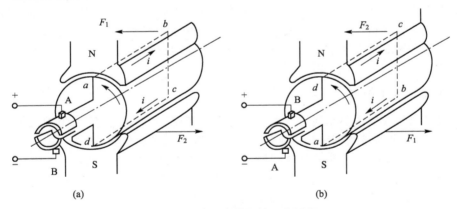

图 3.10　直流电动机的工作原理

由于一匝线圈所产生的转矩太小，转速又不稳定，因此实际直流电动机为产生足够大且稳定的电磁转矩，其电枢用多匝绕组串联而成，并由多片换向铜片组成换向器。

根据安培定律，可以推导出直流电动机通电后所产生的电磁转矩 M 与磁极的磁通量 Φ 及电枢电流 I_s 之间的关系：

$$M = C_m \Phi I_s$$

式中，C_m 为电动机的结构常数，与电动机磁极对数 P、电枢绕组导线总根数 Z 及电枢绕组电路的支路对数 a 有关 $C_m = PZ/(2\pi a)$。

(2) 直流电动机的工作过程（直流电动机转矩自动调节原理）。当通电的直流电动机的电枢在电磁转矩 M 的作用下转动起来时，电枢绕组就因切割磁力线而产生电动势，此电动势与电枢电流 I_s 的方向相反，故称为反电动势 E_f。E_f 与磁极的磁通量 Φ 和电枢的转速 n 成正比，即

$$E_f = C_e \Phi n$$

式中，C_e 为电动机结构常数 $[C_e = PZ/(60a)]$。由此得到电枢回路的电压平衡方程：

$$U = E_f + I_s R_s$$

式中，R_s 为电枢回路的电阻，包括电枢绕组的电阻和电刷与换向器的接触电阻。

在直流电动机刚接通电源的瞬间，电枢转速 n 为零，电枢反电动势 E_f 也为零，这时，电枢绕组通过的电流最大（$I_{sm} = U/R_s$），并产生最大的电磁转矩 M_{max}，如果 M_{max} 大于电动机的阻力矩 M_z，电枢就开始加速转动起来，随着电枢转速的上升，电枢反电动势 E_f 增大，电枢电流 I_f 便开始下降，电磁转矩 M 也就随之减小。当 M 降至与 M_z 相平衡（$M = M_z$）时，电枢就在此转速下稳定运转。

如果直流电动机在工作过程中负载增大（$M < M_z$），就会出现如下的变化：$n \downarrow \to E_f \downarrow \to I_s \uparrow \to M \uparrow \to M = M_z$，于是，电动机在新的转速下稳定运转。

如果直流电动机的工作负载减小（$M > M_z$），则出现如下的变化：$n \uparrow \to E_f \uparrow \to I_s \downarrow \to M \downarrow \to M = M_z$，电动机又在新的转速下稳定运转。

从上可知，直流电动机能通过转速、电流和转矩的自动变化来平衡负载的改变，使之在新的转速下稳定工作，即直流电动机具有自动调节转矩功能。

3.2.2 传动机构

起动机传动机构的主要组成部件是单向离合器。单向离合器的作用是起动时将电枢的电磁转矩传递给发动机飞轮，而在发动机起动后，就立即打滑，以防止发动机飞轮带动起动机电枢高速旋转而造成飞散事故。常见的起动机单向离合器有滚柱式、摩擦片式和扭簧式 3 种形式。

1. 滚柱式单向离合器

滚柱式单向离合器由驱动齿轮及套筒、十字块套筒、滚柱、弹簧和防护盖等组成，如图 3.11 所示。它是通过改变滚柱在楔形槽中的位置实现接合和分离的。

起动机电枢轴带动十字块套筒转动时，滚柱向楔形槽的窄槽部分移动，滚柱将十字块套筒与驱动齿轮及套筒挤紧，此时电动机电枢轴通过十字块套筒带动驱动齿轮转动，驱动齿轮带动飞轮转动，使发动机起动，如图 3.12(a) 所示。

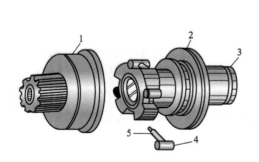

图 3.11 十字块滚柱式单向离合器
1—驱动齿轮及套筒；2—防护盖；
3—十字块套筒；4—滚柱；5—弹簧

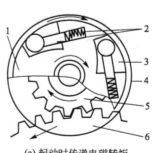

(a) 起动时传递电磁转矩

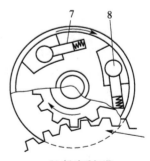

(b) 起动后打滑

图 3.12 十字块滚柱式单向离合器工作原理
1—十字块；2—弹簧；3—楔形槽；4—单向离合器外壳；
5—驱动齿轮；6—飞轮；7—活柱；8—滚柱

发动机起动后，飞轮带动起动机驱动齿轮转动，此时滚柱向楔形槽的宽槽部分移动，十字块和驱动小齿轮便开始打滑，驱动齿轮不能带动起动机的电枢轴转动，如图3.12(b)所示。

滚柱式单向离合器结构简单紧凑，在中小功率的起动机上广泛采用，但在传递较大转矩时，滚柱容易变形而卡死，造成单向离合器分离不彻底。因此，目前广泛用于汽油发动机。

2. 摩擦片式单向离合器

摩擦片式单向离合器由主动片、从动片、内接合鼓、外接合鼓、螺旋花键套筒等组成，如图3.13所示。它是通过主、从动摩擦片的压紧和放松来实现接合与分离的。

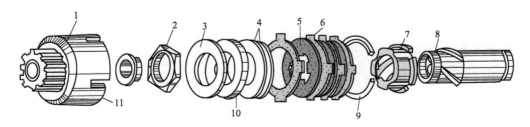

图3.13 摩擦片式单向离合器

1—外接合鼓；2—调整螺母；3—弹性圈；4—调整垫片；5—主动片；6—从动片；
7—内接合鼓；8—螺旋花键套筒；9—卡簧；10—压环；11—止推套筒

离合器的花键套筒通过4条内螺纹与电枢花键轴相连接，花键套筒又通过3条外螺纹与内接合鼓连接。主动摩擦片内齿卡在内接合鼓的切槽中，组成了离合器主动部分。外接合鼓和驱动齿轮是一个整体，带凹坑的从动摩擦片外齿卡在外接合鼓的切槽中，形成了离合器的从动部分。主、从动摩擦片交错安装。

起动时，起动机电枢带动花键套筒转动，内接合鼓的惯性作用力使其与花键套筒之间产生相对的转动而轴向左移，内接合鼓的端面将主、从动摩擦片压紧。这时，电动机的电磁转矩通过单向离合器传递给驱动齿轮。发动机一旦起动，发动机飞轮带动驱动齿轮高速转动，使内结合鼓的转速高于传动套筒的转速，内接合鼓与花键套筒之间产生了与起动时相反的相对转动，使内接合鼓向右移。这时，主、从动摩擦片间的压紧力消失而打滑，从而避免了起动机电枢被发动机带动而超速旋转的危险。

在起动时，如果因发动机起动阻力矩过大，而使驱动齿轮未能带动发动机飞轮转动，就会因内接合鼓与花键套筒之间仍存在的相对转动而使内接合鼓继续左移，使摩擦片的压紧力继续增大，导致弹性垫圈在压环凸缘的压迫下弯曲；当弹性垫圈弯曲到一定程度时，内接合鼓的左端顶到弹性垫圈上而不能再左移，使主、从动摩擦片的压力不再增加，传递的转矩也就不再增大，从而避免了电动机因负载过大而被烧坏的危险。

摩擦片式单向离合器可以传递较大的转矩，用于功率较大的起动机。摩擦片式单向离合器的最大传递转矩会因摩擦片的磨损(使弹性垫圈的最大变形量减少)而降低，因此在使用中需要经常进行检修和调整。摩擦片式单向离合器的结构也比较复杂。

3. 扭簧式单向离合器

扭簧式单向离合器由驱动齿轮、扭力弹簧、螺旋花键套筒等组成，如图3.14所示。它是通过扭力弹簧的径向收缩和放松来实现接合与分离的。

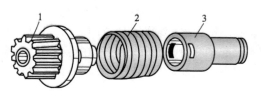

图 3.14 扭簧式单向离合器

1—驱动齿轮；2—扭力弹簧；3—螺旋花键套筒

驱动齿轮与花键套筒间采用浮动的圆弧定位键相联接。扭力弹簧包在齿轮后端传力圆柱表面和花键套筒外圆柱面上，两端各有 1/4 圈内径较小，分别箍紧在驱动齿轮和花键套筒上。

起动时，扭力弹簧按卷紧方向扭转，弹簧内径变小。扭力弹簧在其两端小摩擦力的作用下被扭紧，整个弹簧紧箍在驱动齿轮柄和花键套筒上而传递转矩。发动机起动后，由于驱动齿轮转速高于电枢的转速，扭力弹簧朝旋松方向扭转．内径增大，驱动齿轮与花键套筒分成两体而打滑，于是齿轮空转，而电枢不能跟着飞轮高速旋转。

扭簧式单向离合器结构简单、使用寿命长，但由于扭力弹簧的轴向尺寸较大，故多用于大中型起动机。

3.2.3 电磁开关

电磁开关主要由吸引线圈、保持线圈、活动铁心、接触盘等组成。

如图 3.15 所示，吸引线圈与电动机串联，保持线圈与电动机并联，电磁开关接线柱接通电源（接通起动开关）时，吸引线圈和保持线圈同时通电，两线圈产生的磁力使活动铁心克服回位弹簧的弹力而左移，带动驱动杠杆将驱动齿轮拨向飞轮齿圈，与此同时，使接触盘左移经吸引线圈接通电动机电路，使电动机缓慢运转。

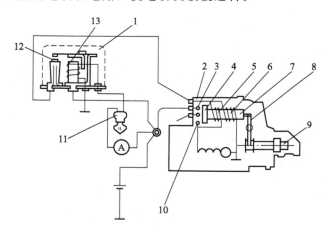

图 3.15 起动机电磁操纵机构电路图

1—起动继电器；2—起动机；3—起动机蓄电池接线柱；4—接触盘；5—吸引线圈；
6—保持线圈；7—活动铁心；8—驱动杠杆；9—小齿轮；10—电动机接线柱；11—起动开关；
12—起动继电器触点；13—起动继电器线圈

当接触盘使起动机蓄电池接线柱接通时，电动机大电流工作，吸引线圈被接触盘短路，但保持线圈仍然通电，所产生的磁力使铁心保持在移动的位置。

断开起动开关瞬间，接触盘还未回位，电源通过接触盘使电磁开关两线圈仍然通电，但此时吸引线圈所产生的磁力与保持线圈的磁力互相抵消，活动铁心在回位弹簧的作用下退回，使驱动齿轮和接触盘退回原处，电动机断电停止工作。

3.3 起动机控制电路

起动机控制电路有多种形式,从控制形式的不同,可分为起动开关直接控制方式、增设起动继电器控制方式和具有起动机驱动保护控制方式。

3.3.1 起动开关直接控制的起动电路

起动开关直接控制的起动电路如图3.16所示。

1. 电路特点

该电路的特点是由起动开关直接控制起动机电磁开关线圈的通断,即起动开关(或点火开关)串联在蓄电池正极与起动机电磁开关接线柱中。由于通过起动开关的电流就是电磁开关的电流,为避免起动开关触点因电流过大而容易烧坏,通常要求起动机电磁开关内的电磁线圈电阻不能太小,对起动开关触点抗电弧烧蚀性能要求相对较高。起动开关直接控制的起动机控制电路在微型小轿车上有较多的应用。

2. 工作原理

如图3.16所示,起动机电磁开关中吸引线圈与电动机串联相接,使得电动机在接通起动开关时就有一较小的电流,这样就可使驱动齿轮在慢慢转动中与飞轮齿圈啮合,避免了啮合过程中的顶齿现象。该起动机控制电路原理如下:

起动时,接通起动开关,电磁开关两线圈通电,其电流通路为:蓄电池正极→电源接线柱16→电流表10→熔断器9→起动开关8→电磁开关接线柱7→吸引线圈6→电动机接线柱13→电动机12→搭铁→蓄电池负极。

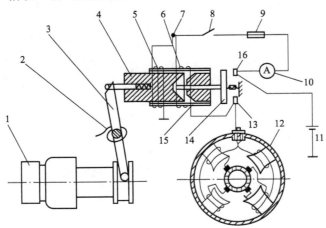

图3.16 起动开关直接控制式起动电路
1—驱动齿轮;2—回位弹簧;3—拨叉;4—活动铁心;5—保持线圈;6—吸引线圈;
7—电磁开关接线柱;8—起动开关;9—熔断器;10—电流表;11—蓄电池;12—电动机;
13—电动机接线柱;14—接触盘;15—磁轭;16—电源接线柱

此时，吸引线圈6与保持线圈5产生的磁力方向相同，合磁力吸动活动铁心4右移，带动拨叉3左移，将驱动齿轮1推向发动机飞轮。在这一过程中，吸引线圈6与电动机串联相接，使得电动机在接通起动开关时就有一较小的电流，这样就可使驱动齿轮1在慢慢转动中与飞轮齿圈啮合，避免了啮合过程中的顶齿现象。

与此同时，接触盘14被右移的活动铁心顶向触点，并在驱动齿轮与飞轮啮合时将电动机接线柱和电源接线柱接通。其电流通路为：蓄电池正极→电源接线柱16→接触盘14→电动机接线柱13→电动机12→搭铁→蓄电池负极。此时，电动机12通入起动电流，电枢产生正常的电磁转矩，并通过传动机构带动发动机转动。吸引线圈6被接触盘14短路，由保持线圈5所产生的磁力保持活动铁心在移动后位置。

发动机起动后，在断开起动开关8的瞬间，接触盘14仍在接触位置，这时电磁开关线圈仍有电流，其电流通路为：蓄电池正极→电源接线柱16→接触盘14→电动机接线柱13→吸引线圈6→保持线圈5→搭铁→蓄电池负极。

吸引线圈6产生了与保持线圈5相反的磁力，两线圈的磁力互相抵消，活动铁心便在回位弹簧的作用下回位，驱动齿轮1和接触盘14退回，电动机12断电，起动机停止工作。

3.3.2 带起动继电器的起动电路

带起动继电器的起动电路如图3.17所示。

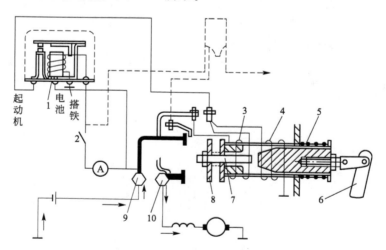

图 3.17 QD124型起动机控制电路

1—起动继电器；2—点火开关；3—吸引线圈；4—保持线圈；5—活动铁心；
6—拨叉；7—接触盘推杆；8—接触盘；9—蓄电池接线柱；10—电动机接线柱

1. 电路特点

起动机控制电路中增设了起动继电器，起动继电器的触点为常开，串连在起动机电磁开关电源电路中，触点闭合时接通起动机电磁开关电路；起动继电器线圈电路由点火开关（起动挡）控制其通断，起动继电器线圈通电时，起动继电器触点闭合。

该起动控制电路有较大的电磁开关电流（35～45A），由起动继电器触点控制，起动开关(或点火开关起动挡)只是控制较小的继电器线圈电流,因此点火开关不容易烧蚀,延长了点火开关的使用寿命。

2. 电路原理

如图 3.17 所示,起动时,将点火开关转至起动挡,起动继电器线圈通电,其电流通路为:蓄电池正极→蓄电池接线柱 9→电流表→点火开关 2(起动触点)→起动继电器电池接线柱→起动继电器线圈→搭铁→蓄电池负极。起动继电器线圈产生的电磁力将触点吸合,接通起动机电磁开关电路,起动机便开始工作。

松开点火开关,点火开关回至点火挡,起动继电器线圈断电,起动继电器触点断开,起动机电磁开关断电,起动机停止工作。

3.3.3 具有驱动保护功能的起动电路

起动机的驱动保护作用主要有以下两个方面:

(1) 起动时,发动机起动就使起动机立刻停止工作。在起动时,只要发动机被起动,起动机便会立刻自动停止工作。发动机起动后,如果还未松开起动开关,起动机仍将处于工作状态,这时,单向离合器打滑,防止了发动机通过飞轮齿圈和驱动齿轮带动电动机高速旋转而造成电枢的"飞散"事故。发动机起动后,起动机立刻自动停止工作的作用是避免起动机高速空转,而造成起动机传动装置磨损加剧和减少蓄电池无为的电能消耗。

(2) 发动机工作时,防止起动机工作。在发动机工作时,即使接通起动开关,起动机也不会工作。这可防止因误接通起动开关而使起动驱动齿轮与发动机飞轮齿圈发生碰撞,造成驱动齿轮和飞轮齿圈的损害。

1. 组合继电器控制的起动机驱动保护电路

图 3.18 所示的起动机电路采用了组合继电器,该起动电路具有驱动保护功能,这种形式的起动机驱动保护电路在汽车上较为常见。

1) 电路特点

该起动机控制电路采用了由保护继电器和起动继电器组成的组合继电器,起动继电器触点 S_1(常开)串联在起动机电磁开关电路中,当 S_1 闭合时起动机电磁开关通电;起动继电器线圈通过继电器常闭触点 S_2 搭铁,使保护继电器不仅可控制充电指示灯,同时还可控制起动继电器线圈的通断电;保护继电器线圈的通断电由发电机的中点电压控制,当发电机正常发电时通电,保护继电器线圈产生的磁力可使其触点保持在断开状态。

组合继电器采用这样一种连接方式,使得起动继电器线圈在发动机起动后和正常工作(发电机发电)时不通电,使起动系统具有驱动保护作用。但是,如果充电系统有故障导致发电机中性点电压过低,则

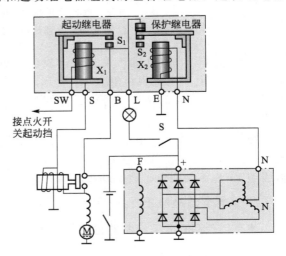

图 3.18 组合继电器控制的起动系统电路

起动组合继电器起不到安全保护作用。

2）电路原理

由起动继电器与充电指示灯继电器组成的组合继电器，具有起动机驱动保护功能的汽车起动电路如图3.19所示，起动时，点火开关拨至Ⅱ挡（起动挡），点火开关的1号和4号接线柱接通，使组合继电器中的起动继电器线圈L_1通电，其电流通路为：蓄电池正极→起动机电磁开关接线柱→熔断器→电流表→点火开关→组合继电器SW接线柱→起动继电器线圈L_1→组合继电器触点K_2→组合继电器E接线柱（搭铁）→蓄电池负极。起动继电器线圈L_1通电后产生磁力吸合触点K_1，接通了起动机电磁开关电路，使起动机通电工作。

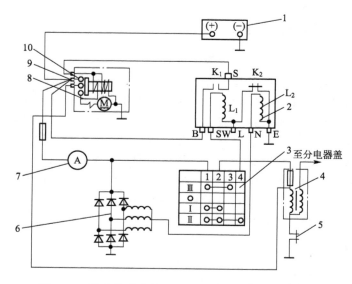

图3.19 具有起动保护功的汽车起动组合继电器电路

1—蓄电池；2—组合继电器；3—点火开关；4—点火线圈；5—分电器触点；
6—发电机；7—电流表；8—起动机接线柱；9、10—起动机电磁开关接线柱；
K_1—组合继电器常开触点；K_2—组合继电器常闭触点；
L_1—起动继电器线圈；L_2—保护继电器线圈

发动机起动后发电机正常发电，发电机的中点电压加在充电指示灯继电器线圈L_2上，使L_2通电产生磁力将触点K_2吸开，触点K_2断开后使起动继电器线圈L_1断电（即使点火开关仍在起动挡），触点K_1随即断开，使起动机电磁开关断电，起动机立刻停止工作。

在发动机工作时，由于有发电机的中点电压作用在充电指示灯继电器线圈L_2上，通电所产生的电磁力使其触点K_2保持断开状态，因此若点火开关误拨至起动挡，起动继电器线圈L_1也不会通电，故起动机不会通电工作。

2. 装有空挡起动开关控制的起动电路

装有空挡起动开关控制的起动电路如图3.20所示。

1）电路特点

空挡起动开关的触点在自动变速器挂空挡或停车挡时闭合，空挡起动开关串联在起动开关控制的电磁开关电路中。只有空挡起动开关触点处于闭合状态时，起动开关才能接通电磁开关电路，使起动机工作。

对于由起动继电器控制的起动电路，空挡起动开关有串联于起动继电器线圈电路和串联于起动继电器触点电路两种形式。无论采用哪种形式，空挡起动开关不在闭合状态，起动开关都无法接通起动机电磁开关电路。

2) 电路工作原理

当自动变速器挂入空挡(N)或停车挡(P)时，空挡起动开关闭合，这时接通起动开关，起动继电器通电，其电流通路为：蓄电池正极→起动继电器→起动机电磁开关接线柱→电磁开关线圈及电动机→搭铁→蓄电池负极，起动机开始工作。

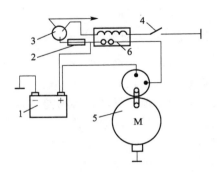

图 3.20 装有空挡起动开关的起动电路
1—蓄电池；2—熔断器；
3—点火开关；4—空挡起动开关；
5—带电磁开关的起动机；
6—起动继电器

如果驾驶人不在空挡或停车挡时起动，由于空挡起动开关处于断开状态，驾驶人即使接通起动开关，起动继电器也不会通电，起动机不能工作，从而确保了汽车起动安全。

需要注意的是：由于空挡起动开关串联在起动机控制电路中，如果空挡起动开关触点接触不良，或自动变速器挡位开关有故障，而使空挡起动开关在 N、P 位时触点不能闭合，就会导致起动机不能通电工作。因此，对于装备自动变速器的汽车，在遇到起动机不工作时，不要忽略了空挡起动开关的因素。

3.4 起动机的使用与故障诊断

3.4.1 起动机使用过程注意事项

1. 注意一次起动时间不要太长

在讲蓄电池放电电流大小对蓄电池的影响时也提到了一次起动的时间不应超过 5s，连续两次起动应间隔 15s 以上，这主要是使电解液有渗透到极板孔隙内层的时间，以提高极板内层活性物质的利用率和再次起动的端电压，有利于提高蓄电池的容量和起动性能。实际上，对起动机本身来讲，一次起动的时间过长，起动机的使用寿命就会缩短，甚至当场烧坏。这是因为起动机使用的电动机是按短时间工作制设计的，这样可减小起动机的体积和质量。在起动时，起动机的电动机工作在最大功率状态，如果时间过长，就会导致其温度过高而容易损坏。

因此，在起动发动机时，如果遇到发动机较难起动，单次起动的时间最好不要超过 5s，如果需要再起动，下一次起动也要间隔一段时间，一是让蓄电池电解液有向极板内渗透的时间，使蓄电池的容量和电动势得以恢复；二是让起动机的电动机有冷却降温的时间，以避免电动机的温度过高而损坏，影响其使用寿命。

2. 发动机起动后立即松开起动开关

许多汽车的起动电路都没有驱动保护功能，当发动机已经起动时，如果不松开起动开关，起动机电枢将高速空转，这会加剧电动机轴承的磨损，影响其使用寿命，并且使蓄电池的电能白白地消耗掉，容易造成蓄电池亏电。

此外，如果单向离合器有卡滞，起动机电枢就会在发动机带动下，以极高的转速运转而导致"飞散"事故的发生。所谓"飞散"是指电枢的转速太高，电枢绕组在强大的离心力作用下被甩离电枢铁心，造成转子和定子间的空隙被甩出来的电枢绕组塞满而卡死，起动机报废。

3. 发动机在工作时不要接通起动开关

这也是因为一些汽车没有驱动保护电路，在发动机工作时，如果误接通起动开关，会使起动机驱动齿轮与发动机飞轮齿圈产生强烈地碰撞，容易导致驱动齿轮或发动机飞轮齿圈损坏。

在驾驶人知道发动机处于运转状态的情况下，误接通起动开关的可能性很小。通常是在车辆发生了较剧烈的振动、车外声音较嘈杂的情况下，驾驶人误认为发动机已经熄火了，故而匆忙去接通起动开关。因此，当遇到汽车发动机没有声音，可能已熄火，周围又是车水马龙的情况时，无需慌乱，待确认发动机熄火后再去起动发动机也不迟。

4. 起动时有冒烟情况应立刻停止起动

起动时冒烟有多种原因，如起动电源线路有连接不良之处，起动时该处产生了电弧放电，恰好又有油污，在高温及电火花的影响下油污燃烧冒烟；由于线路的故障，使起动机的起动大电流通过了线径小很多的导线，导致该线过热烧焦冒烟。无论是什么原因造成的起动时发动机出现冒烟现象，都不应再次起动，应待查明原因，并排除故障后再起动发动机。

5. 起动时有打齿声应停止再起动

起动时打齿也有很多情况，包括驱动齿轮高速旋转，且啮合不进产生的尖锐的齿轮碰撞声响；驱动齿轮或飞轮齿圈损伤而啮合不住产生的刮碰声响；驱动齿轮与飞轮齿圈啮合不牢而退出啮合，在轴向来回窜动时，驱动齿轮与飞轮齿圈碰擦产生的声响。无论是哪一种打齿，都应查明原因，待排除故障后再起动。

6. 自动变速器操纵手柄应置于空挡或停车挡位置起动

对于自动变速器汽车的车主，或经常开自动变速器汽车的驾驶人来说，挂空挡起动可能已成了习惯，对不经常开自动变速器汽车的人来说，则提醒注意，在起动时应将变速器操纵手柄置于 N 位或 P 位，否则无法起动发动机。

7. 有的汽车应踩下离合器踏板再起动

对于起动机控制电路中设置离合器开关的汽车，必须踩下离合器才能起动。因此，应严格按照汽车的使用手册中的操作说明进行起动操作，否则将无法起动发动机。

3.4.2 起动机部件的检修

1. 磁场绕组的检修

磁场绕组常见的故障是接头脱焊、绝缘破损,造成磁极绕组匝间短路或搭铁,检修方法如下。

(1) 将起动机解体后,直观检查磁极绕组接头是否松脱、有无破损。

(2) 用万用表的欧姆挡测量绕组端子与外壳之间的电阻,检查磁极绕组有无搭铁故障。正常情况应为不通,否则,说明磁极绕组有搭铁故障。

(3) 用电枢感应仪检查磁极绕组有无匝间短路,如图 3.21 所示,通电 5min 后若绕组发热,则说明绕组有匝间短路。

2. 电枢总成的检修

电枢总成的常见故障是电枢绕组绝缘破损而使匝间短路或搭铁、绕组接头与换向器铜片脱焊、换向器铜片烧蚀或磨损、电枢轴弯曲等,检修方法如下。

(1) 用万用表欧姆挡检测换向铜片和电枢轴之间的电阻,应为不通,否则说明电枢绕组有搭铁故障。

(2) 用电枢感应仪检查电枢绕组有无匝间短路。

(3) 直观检查换向器表面是否烧蚀、云母片有无突出等。

(4) 检查电枢轴是否弯曲,如图 3.22 所示。电枢轴的径向跳动应不大于 0.15mm。

图 3.21 用电枢感应仪检查磁极绕组短路

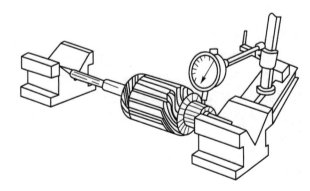

图 3.22 电枢轴的弯曲检查

3.4.3 起动系统常见故障诊断及实例分析

1. 起动机不转

(1) 故障现象:驾驶人在接通起动开关时,起动机不转动,起动机无动作迹象。

(2) 故障原因。

① 电源故障:蓄电池严重亏电或极板硫化、短路等;蓄电池极桩与线夹接触不良;起动电路导线连接处松动而接触不良等。

② 起动机故障:换向器与电刷接触不良;磁场绕组或电枢绕组有断路或短路;绝缘电刷搭铁;电磁开关线圈断路、短路、搭铁或其触点烧蚀而接触不良等。

③ 起动继电器故障：起动继电器线圈断路、短路、搭铁或其触点接触不良。

④ 点火开关故障：点火开关接线松动或内部接触不良。

⑤ 起动系统控制电路故障：线路有断路，导线接触不良或松脱，熔丝烧断等。

(3) 故障诊断方法。

① 按喇叭或开前照灯，如果喇叭声音嘶哑或不响，灯光比平时暗淡，说明电源有问题，应先检查蓄电池极桩与线夹、起动电路导线接头是否有松动，触摸导线连接处是否发热。若某连接处松动或发热则说明该处接触不良，若线路连接无问题，则应对蓄电池进行检查。

② 如果判断电源无问题，用旋具将电磁开关接线柱与起动机电源接线柱相连，看起动机是否转动。如果起动机仍不转动，则说明起动机有故障，应拆检起动机；如果起动机运转正常，则说明故障在起动继电器或有关的线路，进行下一步故障诊断。

③ 用旋具将起动继电器上连接蓄电池的接线柱与连接起动机的接线柱直接相连，看起动机是否转动。如果起动机不转，则应检查连接这两个接线柱的导线；如果起动机能正常运转，则再作下一步检查。

④ 将起动继电器上连接蓄电池的接线柱与连接点火开关的接线柱直接相连，看起动机是否转动。如果起动机不转，则说明起动继电器不良，应予以拆修或更换；如果起动机能正常运转，则故障在起动继电器至点火开关的导线或点火开关，应对其进行检修。

(4) 故障实例：一辆丰田皇冠3.0型轿车，当自动变速器变速杆置于N位或P位时，起动发动机，起动机不转。

① 故障原因分析。起动机不转的可能部位有：起动机（电动机和电磁开关）、起动继电器、起动机控制线路、空挡起动开关等。

② 故障检修方法。用旋具将起动机上的电源接线柱与电磁开关接线柱短接，起动机能起动，说明起动机和起动电源电路良好，故障在起动机控制电路中。

拔开起动继电器，用导线将起动继电器连接电磁开关接线柱的4号端子和电源的2号端子短接（让电流不通过起动继电器触点），起动机能转动，说明起动继电器与电源、起动机之间的线路良好，故障在起动继电器控制电路中，即蓄电池正极→熔断器→点火开关→空挡起动开关→起动继电器线圈→蓄电池负极这条控制线路有故障，或起动继电器触点接触不良。

将变速器变速杆置于N位，并将点火开关置于起动位置，测量起动继电器连接点火开关的1号端子与搭铁的3号端子之间的电压，为12V，说明除起动继电器线圈以外的起动继电器控制电路良好。

测量起动继电器的1号端子与3号端子之间电阻，为无穷大，说明起动继电器线圈已断路。

③ 故障处理措施。换上新的起动继电器插，将自动变速器变速杆置于N位，点火开关拨至起动挡时，起动机正常工作，故障排除。

④ 故障检修实例分析。将起动机上的电源接线柱与电磁开关接线柱短接时，如果电磁开关没有动作，可能是起动电源能提供的电压太低（蓄电池亏电严重或起动电路连接不良）或起动机电磁开关的电磁线圈有故障；如果电磁开关能动作而起动机不转，则可能是起动电源、起动机电磁开关（触点）、起动机的电动机有故障。

2. 起动机运转无力

(1) 故障现象：起动时，驱动齿轮能啮入飞轮齿圈，但起动机转速明显偏低甚至停转。

(2) 故障原因。

① 电源的故障：蓄电池亏电或极板硫化短路，起动电源导线连接处接触不良等。

② 起动机故障：换向器与电刷接触不良，电磁开关接触盘和触点接触不良，电动机磁场绕组或电枢绕组有局部短路等。

(3) 故障诊断方法。起动机运转无力首先通过按喇叭、开前照灯等方法检查起动机电源是否正常，如果起动电源无问题，则应拆检起动机。

(4) 故障实例：一辆桑塔纳 2000GSi 轿车，起动机运转无力，使发动机无法起动，对蓄电池补充充电后起动，即可恢复正常，但行驶三四天后起动机运转无力现象又会出现。

① 故障原因分析。蓄电池亏电或蓄电池有故障；起动电源电路有接触不良之处；充电系统有故障而导致不能及时对蓄电池充电。

② 故障检修方法。用万用表检测蓄电池电压为 10.5V，判断为蓄电池亏电。对蓄电池进行补充充电，充电过程正常，说明确实是蓄电池亏电。将充好电的蓄电池装车起动，起动正常。

几天后起动机运转无力现象再现，怀疑是充电系统有故障，对电源电路进行直观检查，未发现异常；用备用蓄电池起动发动机，观察充电指示灯工作正常；用万用表测量发电机电压，在逐渐提高发动机转速时，发电机电压在 13.5～14V 内逐渐上升，这说明发电机及调节器等均正常。据此，怀疑蓄电池出现故障，于是更换了蓄电池。

几天后同样的故障再现，说明不是蓄电池的问题，但是发电机及调节器正常，那么是否为发电机与蓄电池之间的充电线路有接触不良，而导致充电电流小或不充电呢？为证实此判断，在发动机运行时，测量蓄电池正负极的电压，在急加速时，蓄电池的电压在 12～14V 之间波动，用一根导线连接蓄电池负极与发动机机体，电压稳定在 14V，说明发电机与蓄电池之间的搭铁不良。

将车用举升机举起后，检查发现发动机与车身之间的搭铁线已严重锈蚀，轻轻一拉就掉了下来，连接螺栓也锈蚀严重。

③ 故障处理措施。更换搭铁线和螺栓，并将其焊接固定，故障排除。

④ 故障实例分析。本例故障是由于发动机与车身之间的搭铁不良引起的充电不良，从而导致了蓄电池容易亏电。

该车的发动机搭铁线位于车身内侧，由于用高压水枪冲洗车底时，使积水和潮气留在了搭铁线周围，加速了搭铁线的锈蚀。

从本例故障检修过程中得到的启示是：遇充电不良、起动机运转无力等故障时，不要忽视对发动机搭铁线的检查，有的汽车的搭铁线连接在变速器与车架之间。在维修车辆时，也要注意对此搭铁线的检查与维护，千万不能漏装搭铁线。

习　　题

一、填空题

1. 起动机电磁开关中有＿＿＿＿线圈和＿＿＿＿线圈。

2. 发动机起动系统主要有_____、_____和_____组成。
3. QD124 型起动机电路中的起动继电器的作用是_____。
4. 减速型起动机按齿轮啮合方法可分为_____啮合式、_____啮合式及_____啮合式 3 种。
5. 起动机每次起动的时间应小于_____s，两次起动间隔时间应大于_____s。
6. 起动机主开关接通后，电磁开关的铁心被_____线圈电磁力保持在吸合位置。

二、简答题

1. 起动机由哪几个部分组成？各部分的作用是什么？
2. 直流电动机的基本组成是什么？在负载变化时直流电动机是如何自动调节转矩的？
3. 起动机的单向离合器有哪些类型？各种类型的单向离合器是如何工作的？
4. 起动机的控制过程和工作过程如何？
5. 起动机驱动保护电路的作用是什么？
6. 起动机运转无力的原因是什么？

第 4 章
传统点火系统与电子点火系统

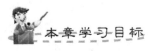

本章学习目标

了解汽车传统点火系统与电子点火系统的种类；
熟悉汽车传统点火系统与电子点火系统的结构与工作原理；
掌握汽车传统点火系统与电子点火系统各部件的构造、功用、故障分析方法。

本章教学要点

知识要点	能力要求	相关知识
传统点火系统	了解各部件的基本功能，熟悉传统点火系统各部件的结构、工作原理	传统点火系统的组成、作用，点火线圈、分电器、火花塞的构造
电子点火系统	掌握电子点火系统各部件的结构、组成及电子点火器电路的工作原理、电路故障的分析	JKF667、L497 电子点火系的工作原理与故障的排除方法

汽车电器与电子设备

> **导入案例**
>
> 当小王(第 2 章导入案例人物)开车快到家时,突然听到汽车排气管有"放炮"声。尽管离家很近,有了前面的教训,他赶紧把车开到路边停下来。打开发动机上的车盖板,仔细检查,发现有一个火花塞上的高压线松脱了,他重新装好并拧紧螺母。然后起动发动机,"放炮"声消失。小王顺利地回到了家。

4.1 概　　述

对于汽油发动机,一个工作循环由进气、压缩、燃烧做功和排气 4 个行程组成,而进入气缸的可燃混合气需由电火花点燃才能燃烧做功。因此点火系统的作用就是按照汽油发动机的工作要求,用电火花按时点燃气缸内的混合气。汽车的点火系统用蓄电池作为能源,因此称为蓄电池点火系统。按照点火系统的组成和产生高压电的方法不同,分为传统点火系统、电子(晶体管)点火系统、微机控制点火系统 3 种类型。本章只介绍传统点火系统与电子(晶体管)点火系统。为保证汽油发动机可靠地工作,汽油发动机对点火系统有如下要求。

(1) 能产生足够高的点火次级电压,该电压应在 1.5 万 V 以上。因为点火系统用于点燃混合气的火花塞电极伸入发动机气缸燃烧室内,通过电极之间气体的电离作用产生电弧放电(跳火)。要使电极之间具有很高压力的气体电离而产生电火花,就必须有足够高的电压。使火花塞电极跳火所需的电压称为击穿电压(或称点火电压),它的高低与发动机工况及火花塞的状况有关。气缸内的混合气压力高、温度低时,气体的密度相对较大,气体电离所需的电场力就大,所需的击穿电压也就高。发动机在不同工况下其压缩终了的混合气压力和温度是不同的,因此,当发动机的转速和负荷改变时,火花塞的击穿电压也随之而变。火花塞的击穿电压还与火花塞电极的温度和极性、火花塞的间隙和形状有关。此外当火花塞电极上积油、积炭时,由于漏电其击穿电压会相应升高。要使发动机在任何工况、状态下火花塞都能可靠跳火,点火系统就必须能产生足够高的次级电压。现在点火系统所能产生的最高次级电压已经达到 2 万 V。

(2) 要求电火花有足够高的能量将混合气点燃,即要求火花塞跳火后能确保可燃混合气迅速燃烧。在发动机起动、怠速及急加速工况时,由于混合气的温度较低或混合气过浓、过稀等原因,需要有较高的点火能量(每次 50mJ)才能保证混合气可靠燃烧。若点火能量达不到要求,会使发动机起动困难、点燃率下降,发动机的动力性下降、油耗和排污量增加,并可能导致发动机不能正常工作。

(3) 保证发动机有适当的点火提前角。设置发动机点火提前角的目的是使发动机气缸内的混合气的燃烧功率达到最大,为此燃烧最高压力应出现在压缩终了上止点后 10°～15°,而燃烧有一段时间,因此必须在压缩终了前的某个适当时刻点火。某缸火花塞开始跳火到活塞运行至压缩终了上止点的曲轴转角称为点火提前角。点火提前角过大,压缩行程活塞上行的阻力增大,导致发动机功率下降、油耗增加,且发动机容易产生爆燃;点火提前角过小,混合气燃烧产生的最高压力和温度下降,也会导致发动机功率下降、油耗增加,而且容易引起发动机过热、排气管"放炮"等故障。

发动机在不同的转速和负荷下,其点火提前角应是不同的。点火系统应能根据发动机的转速和负荷变化情况,及时调整点火时间,以确保混合气燃烧及时、完全。

4.2 传统点火系统

4.2.1 传统点火系统的组成

如图 4.1 所示,传统点火系统主要由电源(图中只画出蓄电池 1 未画发电机)、点火开关 3、点火线圈 6、分电器 7 和火花塞 9 等组成,此外还有电流表 2、附加电阻 5 及其短路开关、电容器和高压线等。

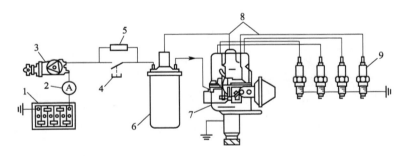

图 4.1 传统点火系统的组成

1—蓄电池;2—电流表;3—点火开关;4—附加电阻短路开关;5—附加电阻;
6—点火线圈;7—分电器;8—高压线;9—火花塞

4.2.2 各组成的作用

(1) 电源(蓄电池与发电机)是点火系统的能源。

(2) 点火开关(图 4.2)用来控制点火系统电路的接通与关断。

(3) 点火线圈将不断变化(接通与关断)的脉冲低压直流电转换为 10～20kV 高压直流电。

(4) 分电器由断电器、配电器和点火提前机构三部分组成。其中断电器的作用是不停地接通与切断点火线圈初级电路,产生脉冲直流电流。配电器的作用是将点火线圈次级电路产生的点火高压,按照发动机的工作顺序输送至各缸火花塞。点火提前机构的作用是随发动机转速、负荷和汽油辛烷值的变化调节点火提前角。

(5) 火花塞的作用是将点火高压引入气缸燃烧室,即在电极间产生电火花,点燃可燃混合气。

图 4.2 点火开关

(6) 电容器的作用是减轻触点打开时的电火花强度。在触点断开瞬间,点火线圈初级线圈产生约 300V 自感电动势,此电动势很容易击穿刚刚张开的触点气隙而产生较强的触点火花。触点间的火花放电使初级电流继续保持通路，导致铁心中磁通量的下降速率减小，使次级绕圈的互感电动势降低。触点间较强的火花还会使触点很快烧蚀，导致点火系统不能正常工作。触点间并联一个电容，利用电容两端的电压不能突变的特性，在触点断开瞬间吸收初级绕圈的自感电动势的能量，减弱触点间的火花放电，提高初级电流的下降速率，提高次级电压。

4.2.3 传统点火系统的基本工作原理

在图 4.3 中，当点火开关 SW 接通、发动机运转时，分电器轴和断电器凸轮在发动机凸轮轴的驱动下旋转，使断电器触点交替地闭合和打开。在触点闭合时由蓄电池出来的电流经点火线圈的初级绕圈形成闭合回路，产生初级电流 i_1，初级电流所流过的电路称为低压电路。低压电路的路径是：蓄电池正极→电流表 A→SW（开关）→点火线圈"＋开关"接线柱→R_f（附加电阻）→点火线圈"开关"接线柱→点火线圈初级绕圈 W_1→点火线圈"－"接线柱→断电器触点 K→搭铁→蓄电池负极。

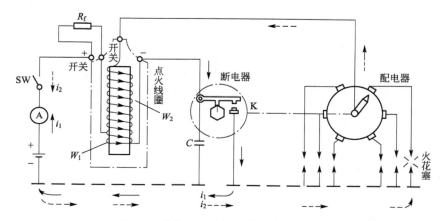

图 4.3 传统点火系统的基本工作原理图

根据电磁感应定律 $e=-d\Phi/dt=-LdI/dt$，当断电器触点由闭合至打开瞬间，点火线圈初级线圈将产生感应电动势和感应电流，而且感应电流的方向阻碍电流的变化，即感应电流方向与原电流方向相同。根据变压器原理在次级线圈也感应出电动势。由于初级电流迅速消失，变化率很大，在初级线圈产生 200～300V 的自感电动势 U_1。由变压器原理

$$U_2 : U_1 = W_2 : W_1$$

得到次级电压

$$U_2 = U_1 W_2/W_1$$

由于次级线圈 W_2 的匝数比 W_1 的匝数多很多，因而在次级线圈内就感应出 10～20kV 的互感电动势 U_2。U_2 称为次级点火高压，高压电路 i_2 的路径是：次级线圈 W_2 下部→点火线圈"开关"接线柱→R_f（附加电阻）→点火线圈"＋开关"接线柱→SW（开关）→电流表 A→蓄电池→搭铁→火花塞→配电器（旁电极、分火头）→次级线圈 W_2 上部。

上述传统点火系统的电压电流波形如图 4.4(a)实线所示。如果火花塞电极不被击穿，电流与电压就会形成如图 4.4 虚线所示的衰减振荡。实际工作中的火花塞电极间的电压在达到最大次级电压前，火花塞电极间气隙就被击穿而产生电弧放电。放电开始瞬间火花塞

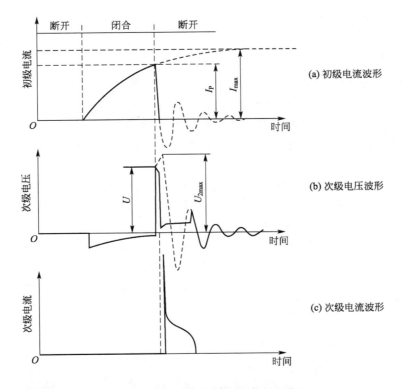

图 4.4　传统点火系统的电压电流波形

电极上集聚的电荷迅速放电，形成很大的放电电流，电压随之迅速下降。这一阶段为电容放电，其主要作用是使火花塞电极间气体电离，形成一个火焰核心之后，点火线圈次级线圈电感尚余的能量继续维持火花放电，此时火花塞电极间的电压在 600V 左右，放电电流很小，但放电的时间较长。这一放电阶段为电感放电，可加热混合气，使其迅速燃烧。当火花不能维持而消失时，电感线圈剩余的能量则形成 LRC 衰减振荡，如图 4.4(b) 所示。

为什么电路要串联一个附加电阻？附加电阻是一个正温度系数比较大的电阻，电感线圈通过的电流与闭合时间有正比指数关系如图 4.4(a) 中闭合段所示。在发动机低速时，触点的闭合时间相对较长，初级电流可上升至最大值或接近最大值，使通过点火线圈初级线圈的平均电流过大而使线圈温度过高，过大的电流会使触点的火花加大而容易烧蚀；在发动机高速时，触点的闭合时间很短，在初级电流还很小时触点就已断开，使点火线圈不能产生足够高的次级电压，导致发动机容易断火。所以需要在点火线圈初级回路串入一个正温度系数附加电阻。该电阻会因电流增大使温度升高，温度升高又使其电阻值显著增大，因此初级电流的增长受到限制。在发动机高速时，流经附加电阻的初级电流较小，附加电阻的温度随之降低，其电阻值也相应减小，初级电流随发动机转速的上升而下降的幅度可减小。由此可见，点火线圈附加电阻可在发动机转速变化时自动调节初级电流，改善点火特性。

发动机起动时，为保证点火线圈初级线圈能形成足够大的初级电流的需要。通过起动机电磁开关的附加电阻短路触点（或直接用点火开关的起动挡）将附加电阻短路。

4.2.4 传统点火系统的部件结构

1. 点火线圈

按磁路结构形式的不同,点火线圈可分为开磁路式和闭磁路式两种。开磁路式点火线圈在传统点火系统中被广泛采用,闭磁路式点火线圈多用于电子点火系统和微机控制的点火系统。所谓开磁路式点火线圈是指线圈产生的磁场磁路经由铁心和空气两种介质闭合。闭磁路式点火线圈是指线圈产生的磁场磁路主要经由铁心介质闭合,空气磁路只有很少的一点。点火线圈实物如图4.5(a)所示。

(1) 开磁路式点火线圈。传统的开磁路式点火线圈外形如图4.5(a)左图所示,结构如图4.5(b)和图4.5(c)所示,主要由铁心2、初级线圈3、次级线圈4、胶木盖、瓷杯等组成。开磁路式点火线圈分为两接线柱式[图4.5(b)]和三接线柱式[图4.5(c)]两种。两接线柱的点火线圈在低压接线柱上分别标有"+"、"—"标志。三接线柱式点火线圈在外壳上装有一个附加电阻,同时增加了一个低压开关接线柱。发动机起动时,附加电阻短路,以增大初级电流,提高次级电压和火花能量,从而改善了发动机的起动性能。

(2) 闭磁路式点火线圈。闭磁路式点火线圈实物如图4.5(a)右图所示,结构和磁路如图4.6和图4.7所示,铁心是"日"字形或"口"字形,铁心上绕有初级线圈,在初级线圈外面绕有次级线圈,整个铁心只有一个微小的气隙。

(a) 点火线圈实物

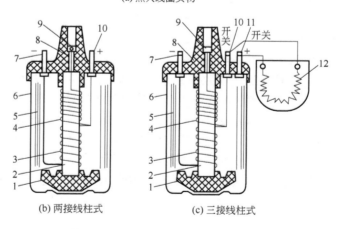

(b) 两接线柱式　　　　　　(c) 三接线柱式

图4.5　开磁路式点火线圈结构

1—瓷杯;2—铁心;3—初级线圈;4—次级线圈;5—导磁钢片;6—外壳;
7—负接线柱;8—胶木盖;9—高压线插座;10—正或开关接线柱;
11—正接线柱;12—附加电阻

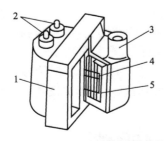
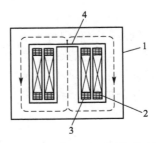

图4.6 闭磁路式点火线圈结构
1—日字铁心；2—初级线圈接线柱；
3—高压线接线柱；4—初级线圈；5—次级线圈

图4.7 闭磁路式点火线圈的磁路
1—日字铁心；2—次级线圈；
3—初级线圈；4—空气隙

2. 分电器

分电器由断电器、配电器、点火提前机构和电容器等组成，结构如图4.8所示。

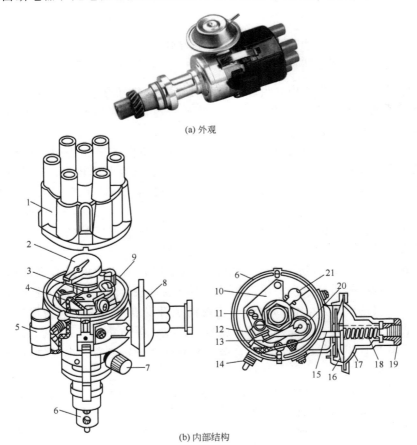

(a) 外观

(b) 内部结构

图4.8 分电器

1—分电器盖；2—分火头；3—断电器凸轮；4—断电器触点及底板总成；5—电容器；6—联轴节；
7—油杯；8—真空提前机构；9—分电器壳体；10—活动底板；11—偏心螺钉；12—定触点与支架；
13—动触点臂；14—接线柱；15—拉杆；16—膜片；17—真空提前机构外壳；
18—弹簧；19—螺母；20—动触点弹簧片；21—油毡及夹圈

(1)断电器。断电器的作用是接通和切断低压电路。如图4.8所示,它由断电器凸轮和触点组成。触点间隙对闭合角有直接的影响,还影响点火时刻。触点间隙增大时,由于触点被提前打开,会使点火提前角增大;反之,则会使点火提前角减小。

(2)配电器。配电器的作用是按发动机的工作顺序将次级高压分配给各缸火花塞。配电器由分火头和分电器盖组成。其内部结构如图4.9(a)所示,外形如图4.9(b)所示。

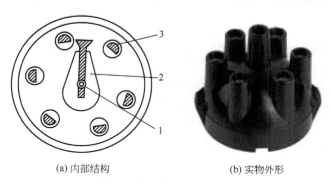

(a)内部结构　　　　　　(b)实物外形

图4.9　配电器
1—中心电极及带弹簧的碳精柱;2—分火头;3—旁电极

(3)电容器。电容器的作用是当触点分开时减小触点间的电火花,降低触点烧蚀;同时,由于电容器能吸收触点分开时的电能,使初级电流迅速切断,提高了磁场变化的速率,从而提高了次级电压。

(4)点火提前机构。点火提前机构的作用是随发动机工况变化而自动调节点火提前角,使发动机点火靠近最佳点火提前角。传统点火系统只能考虑转速、负荷和汽油辛烷值对最佳点火提前角的影响,在分电器上设置了离心提前机构、真空提前机构和辛烷值选择器。

① 离心提前机构。离心提前机构如图4.9所示,它的作用是随发动机的转速变化而自动调节点火提前角。发动机转速提高,离心提前机构使点火提前角自动增大。离心提前机构的工作原理如图4.10所示。当发动机转速提高时,离心块的离心力逐渐增大,克服弹簧拉力使离心块向外甩开。离心块上的销钉便推动拨板带着断电器凸轮顺着分电器轴的旋转方向向前转过一个角度,使断电器凸轮提前顶开触点,点火提前角增大。转速越高,离心块的离心力越大,离心块甩开的程度就越大,点火提前角也就越大。反之,当转速降低时,离心力减小,弹簧便拉动离心块,拨板和断电器凸轮逆着分电器轴旋转的相反方向向后退回一个角度,使点火提前角减小。

② 真空提前机构。真空提前机构的作用是随发动机负荷的大小自动调节点火提前角。在相同转速下,随着发动机负荷的增大,最佳点火提前角将随之减小。

真空提前机构的工作原理如图4.12所示。当发动机负荷小时,节气门开度小,如图4.12(a)所示,真空度增大,吸动膜片,克服弹簧弹力向右拱曲,拉杆拉动活动底板,使安装在其上面的断电器凸轮逆分电器轴旋转方向向后转动一定角度,将触点提前打开,点火提前角增大;当发动机负荷增大,即节气门开度增大时,如图4.12(b)所示,真空度减小,在弹簧弹力的作用下,膜片向左拱曲,拉杆带动活动底板顺着凸轮旋转方向向前转动一定角度,使点火提前角减小。

传统点火系统与电子点火系统 第4章

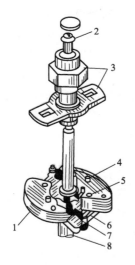

图 4.10 离心提前机构
1—离心块；2—限位螺钉；3—凸轮及拨板；
4—销钉；5—柱销；6—托板；
7—弹簧及支架；8—分电器轴

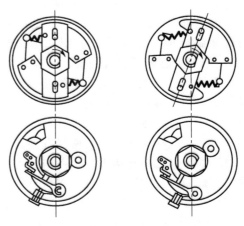

(a) 离心提前机构未起作用时　(b) 离心提前机构工作

图 4.11 离心提前机构的工作原理

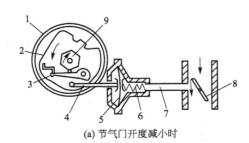

(a) 节气门开度减小时　　　　　(b) 节气门开度增大时

图 4.12 真空提前机构的工作原理
1—分电器壳体；2—活动底板；3—触点；4—拉杆；
5—膜片；6—弹簧；7—真空管；8—节气门；9—凸轮

3. 火花塞

火花塞的作用是将点火线圈产生的点火高压引入发动机的燃烧室，在其电极间隙中形成电火花，点燃混合气。

（1）火花塞的结构。图 4.13 是火花塞的实物照片，火花塞的结构如图 4.14 所示，在钢质壳体 5 的内部固有陶瓷绝缘体 2。在绝缘体中心孔的上部装有金属杆 3，金属杆上端有接线螺母 1，用来连接高压导线，下部装有中心电极 10。金属杆 3 与中心电极 10 之间用导电玻璃 6 密封，铜制内垫圈 4 和 8 起密封和导热作用，壳体 5 上

图 4.13 火花塞的实物

71

部的外侧，制成六角平面以便于拆装，下部的螺纹安装在发动机气缸盖的火花塞孔内，壳体下端固定有弯曲的侧电极9。中心电极和侧电极一般都是分别采用不同的镍锰合金或贵金属合金制成的，具有良好的耐高温、耐腐蚀性能。火花塞的电极间隙一般为0.6～0.8mm。采用高能电子点火装置，其火花塞间隙可增大至1.0～1.2mm。火花塞间隙增大后有利于稀混合气点燃。火花塞的侧电极一般是一个，近年来火花塞的侧电极有两个或两个以上的，称为多极型火花塞，其优点是提高了点火可靠性。此外还有环状电极火花塞和沿面跳火的火花塞等多种型式火花塞。

火花塞与气缸盖座孔间的密封有平面密封和锥面密封两种。平面密封时，在火花塞与座孔间应加装铜包石棉垫圈；锥面密封时，不需使用密封垫圈，而是利用火花塞壳体的锥形面与气缸盖相应的锥形面进行密封。靠锥形面密封的火花塞，称锥座型火花塞。

（2）火花塞的热特性。要使火花塞能正常工作，其绝缘体裙部的温度应保持在500～750℃，使粘在绝缘体上的油滴立即烧掉，不致形成积炭，该温度为火花塞的"自净温度"。如果工作时绝缘体裙部的温度低于自净温度，就会引起火花塞积炭。积炭会使发动机局部温度过高，混合气与局部温度过高的绝缘体接触时，会引起自燃点火而产生早燃、爆燃等现象。

影响火花塞裙部温度的主要因素是裙部长度。裙部越长，受热面积越大，散热路径越长，散热困难，则裙部温度越高，称为热型火花塞[图4.15(a)]；反之，裙部越短，裙部温度越低，称为冷型火花塞[图4.15(c)]。热型火花塞绝缘体长度L为16～20mm，标准型火花塞[图4.15(b)]的绝缘体长度L为11～14mm，冷型火花塞的绝缘体长度L小于8mm。热型火花塞适用于功率小、转速和压缩比低的发动机；冷型火花塞适用于功率大、转速高和压缩

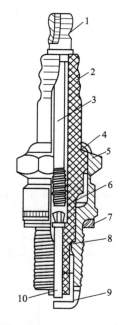

图4.14 火花塞的结构
1—接线螺母；2—绝缘体；3—金属杆；
4、7、8—垫圈；5—壳体；6—导电玻璃；
9—侧电极；10—中心电极

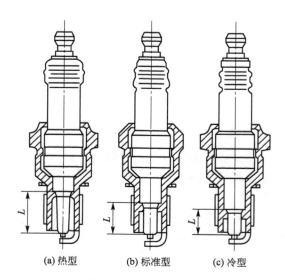

(a) 热型　　(b) 标准型　　(c) 冷型

图4.15 火花塞形式

比大的发动机。因此不同汽油机对火花塞的要求不同，更换火花塞时要注意选择同类型的。否则发动机就不能正常工作。比如，燃烧室温度较低的发动机，错用了偏冷型的火花塞，火花塞就很容易积炭；燃烧室温度高的发动机如装用了偏热型的火花塞，则容易引起炽热点火，使发动机产生爆燃。火花塞的热特性是以绝缘体裙部的长度标定的，见表4-1。

表4-1 火花塞裙部的长度与热值

裙部长度/mm	16.5	13.5	11.5	9.5	7.5	5.5	3.5
热值	3	4	5	6	7	8	9
热特性	热 ←					→ 冷	

（3）火花塞型号。火花塞型号根据国家专业标准QC/T 430—2005《火花塞产品型号编制方法》的规定，火花塞型号由三部分组成：第一部分为汉语拼音字母，表示火花塞的结构类型及主要形式尺寸，各字母的含义见表4-2。第二部分为阿拉伯数字，表示火花塞的热值，其含意见表4-1。第三部分为汉语拼音字母，表示火花塞的派生产品、结构特征、材料特性及特殊技术要求。在同一产品型号中，需用两个以上字母来表示时，按表4-3所列顺序排列。

表4-2 火花塞结构类型代号

代号	螺纹规格	安装座形式	螺纹旋合长度/mm	壳体六角对边/mm
A	M10×1	平座	12.7	16
C	M12×1.25	平座	12.7	17.5
D	M12×1.25	平座	19	17.5
E	M14×1.25	平座	12.7	20.8
F	M14×1.25	平座	19	20.8
(G)	M14×1.25	平座	9.5	20.8
(H)	M14×1.25	平座	11	20.8
(Z)	M14×1.25	平座	11	19
J	M1×1.25	平座	12.7	16
K	M14×1.25	平座	19	16
L	M14×1.25	矮型平座	9.5	19
(M)	M14×1.25	矮型平座	11	19
N	M×1.25	矮型平座	7.8	19
P	M×1.25	锥座	11.2	16
Q	M×1.25	锥座	17.5	16
R	M18×1.5	平座	12	20.8
S	M18×1.5	平座	19	(3)
T	M18×1.5	锥座	10.9	20.8

注：( )表示非标准的保留产品，不推荐使用。

例:F5TC 型火花塞,由表 4-2 知 F 表示螺纹规格为 M14×1.25 旋入长度为 19mm、壳体六角对边为 20.8mm;由表 4-1 知 5 表示该火花塞裙部长度为 11.5mm;由表 4-3 知 TC 表示绝缘体突出型平座火花塞,火花塞的电极为镍铜复合材料。

表 4-3 火花塞特征代号及字母排列顺序

序号	特征代号	结构特征	序号	特征代号	结构特征
1	P	屏蔽型火花塞	7	H	环状电极火花塞
2	R	电阻型火花塞	8	U	电极缩入型火花塞
3	B	半导体型火花塞	9	V	V 型电极火花塞
4	T	绝缘体突出型火花塞	10	C	镍铜复合电极火花塞
5	Y	沿面跳火型火花塞	11	G	贵金属火花塞
6	J	多电极火花塞	12	F	非标准型火花塞

4.2.5 传统触点式点火系统的工作特性

点火系统工作特性是指点火系统所能产生的最高次级电压随发动机转速变化的规律。传统触点式点火系统的理论特性曲线如图 4.16 中的虚线所示,但实际特性有别于理论特性。在发动机低转速范围,触点闭合的时间长,虽然初级电流较大,但触点开启的速率低,触点间容易形成较强的触点火花,造成初级电流的下降速率减小。因此点火能量损失大使最高次级电压下降。转速越低,触点的火花就越强。最高次级电压下降也越多。在发动机高转速范围,触点开闭的运动速率很高,触点容易形成颤动,造成触点的实际闭合时间比理论的更短,因而使点火线圈初级电流

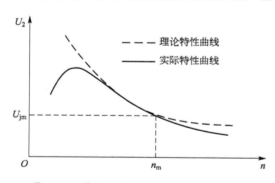

图 4.16 传统触点式点火系统的工作特性

减小很多,使最高次级电压比理论值更低。从图 4.16 的传统触点式点火系统工作特性曲线可知,发动机转速对点火系统最高次级电压的影响很大。如果发动机的转速超过 n_m,点火系统的最高次级电压就会低于火花塞击穿电压 U_{jm},点火系统就可能会出现断火现象。因此,把 n_m 称为极限转速。实际影响点火系统次级电压的因素还有以下几点。

(1)发动机气缸数。发动机气缸数多,断电器触点开闭一次的凸轮转角就小,在同样转速下的触点闭合时间就短,所能形成的初级电流就小。因此,汽车用汽油发动机多为 4 缸、6 缸,一般不超过 8 缸。

(2)火花塞积炭。未燃烧的汽油或机油粘附在火花塞绝缘体上,在混合气燃烧时高温的影响下,起裂化反应而形成炭粒,这些炭粒的存积形成了积炭。覆盖在火花塞绝缘体表面的积炭具有导电性,它相当于在火花塞电极间并联了一个电阻,在点火线圈次级线圈互感电动势向火花塞电极充电过程中,会通过积炭漏掉一部分电流,从而使所能达到的最高次级电压降低。积炭越多,积炭电阻就越小,漏电就越多,最高次级电压也就越低。当所能达到的最

高次级电压低于火花塞的击穿电压时,火花塞就不能跳火。

(3) 电容值的大小。从理论上讲,分电器上的电容器的容量越小越好,但实际上,电容量太小就不能很好地起到吸收点火线圈初级线圈自感电动势的作用,触点断开时的触点火花就会加大而使最高次级电压降低;电容值过大则会使触点断开时电容的充放电时间延长,导致初级电流的下降速率减小而使最高次级电压降低。电容器的容量一般为 0.15~0.35μF。

(4) 断电器触点的间隙。断电器触点正常间隙为 0.35~0.45mm。触点间隙过大,凸轮顶开触点早,触点关闭迟,触点闭合段所占的角度(称闭合角)小,相同转速下的触点闭合时间短,初级电流小,次级电压低;触点间隙过小,则会使触点断开时的火花加大,也会使次级电压下降。

(5) 触点接触电阻。当触点的接触表面有烧蚀、氧化、脏污等情况后,接触后的触点就会有一定的电阻。触点接触电阻增大,等于点火线圈初级回路的电阻增大,从而使初级电流减小,初级回路的电压降低。

(6) 点火线圈的温度。点火线圈的温度升高时,初级线圈的电阻会增大,从而使初级电流减小,初级回路的电压下降。

4.2.6 传统点火系统的实例分析

东风 EQ1090 汽车点火系统如图 4.17 所示。蓄电池的负极通过连接线与电源总开关 1 相连接。总开关一端与地(汽车车架)相接,构成汽车电源负极搭铁。发动机正常工作时,电流由蓄电池正极通过起动机 3 上接线柱经电流表 10、点火开关 9、电阻线、点火线圈 4 的 "+" 接线柱,再经点火线圈初级线圈到分电器(分电器的断电器)后搭铁形成初级回路。发动机起

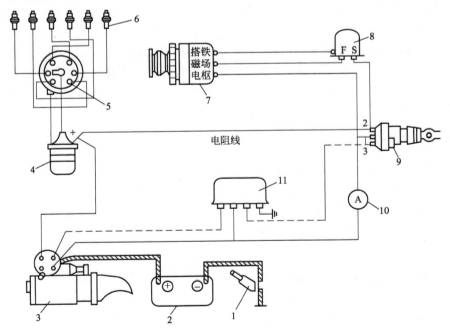

图 4.17 东风 EQ1090 汽车点火系统
1—电源总开关;2—蓄电池;3—起动机;4—点火线圈;5—分电器;6—火花塞;
7—发电机;8—调节器;9—点火开关;10—电流表;11—起动继电器

动时则直接经过点火开关9上接线柱3与点火线圈4"+"接线柱相接。由于电阻线被短路，使初级电流增大。高压电路的电流路径：次级线圈W_2（未画）→点火线圈4(+)接线柱→电阻线→点火开关→电流表→起动机接线柱→蓄电池→搭铁→火花塞（侧电极、中心电极）→配电器5（旁电极、分火头）→回到点火线圈4的次级线圈W_2（未画）。

4.3 电子点火系统

传统点火系统依靠断电器触点接通与关断点火线圈初级电流，不可避免地存在电火花。尽管通过触点间并联电容的方法减小了的触点火花，但这减小了的触点火花仍使触点被烧蚀、氧化，导致传统点火系统的点火性能随工作时间的增加，工作可靠性变差。从传统点火系统的工作特性可知，在发动机转速变化时，其最高次级电压随转速改变。这使得发动机的低速起动性能变差，高速时容易断火，限制了发动机的最高转速。传统触点式点火系统不可能通过加大初级电流的方法来提高点火能量，因为初级电流增大会加大触点断开时的触点火花，导致点火系统不能正常工作。因此，点火系统的初级电流一般限制在5A以内。点火系统的点火能量低，会使其在工作时点燃率下降，尤其不能适应高压缩比、燃烧稀混合气的发动机。触点打开时断电器触点间的电弧放电，会影响到火花塞电极间的电压上升速率，使次级电压上升慢。次级电压上升过程中通过火花塞积炭的漏电量就多，使火花塞积炭导致最高电压下降会较为明显。此外传统触点式点火系统还对无线电干扰大。因为断电器触点间产生的电弧放电会产生高频电磁振荡波，对周围的无线电造成辐射干扰。综上所述，传统的触点式点火系统由于其结构本身的原因，使其点火能量低、工作可靠性差，导致发动机的油耗高、排气污染严重。因此，随着汽车工业的发展，汽车保有量的增加，传统触点式点火系统已不能适应现代汽车发展的要求。无触点的电子点火系统用点火信号发生器控制点火器的开关晶体管的导通和截止，达到控制点火线圈初级电流的通断，从而可避免上述触点式点火系统的缺陷。无触点电子点火系统主要由蓄电池、点火开关、点火线圈、分电器、火花塞、点火信号发生器和点火器等组成。

4.3.1 电子点火系统分类

无触点电子点火系统按信号发生器的工作原理，可分为磁感应式、霍尔式、光电式、电磁振荡式等。其中磁感应式、霍尔式的应用广泛。磁感应式电子点火系统主要由蓄电池、点火开关、点火线圈、分电器、火花塞、磁感应点火信号发生器和点火器等组成。磁感应信号发生器的作用是产生与发动机曲轴位置相应的磁感应电压脉冲信号，并输入点火器作为点火控制信号。

4.3.2 磁感应电子点火器的工作原理

1. 磁感应电子点火器信号发生器的工作原理

如图4.18所示，当信号转子4转动时，转子与磁轭2之间的空气隙发生变化。转子凸齿靠近磁轭时，空气隙减小，磁路的磁阻减小，磁通量增大，转子的凸齿正对磁轭时空气隙最小，磁轭磁通量达到最大值。转子凸齿离开磁轭时，空气隙增大，磁路的磁阻增大，磁通量减小。磁通量的交替变化使感应线圈 1 产生交变的感应电动势,输入图 4.19 所示的点火器电阻 R_1 的左侧。

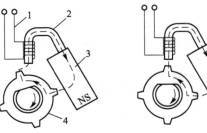
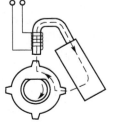

(a) 转子的凸齿靠近磁轭　　(b) 转子的凸齿正对磁轭　　(c) 转子的凸齿离开磁轭

图 4.18　磁感应电子点火器的信号发生器
1—感应线圈；2—磁轭；3—永久磁铁；4—信号转子

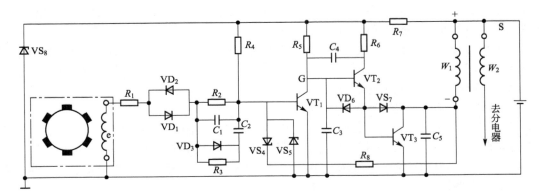

图 4.19　JKF667 型点火器电路

2. 磁感应电子点火器的具体工作原理

1) JKF667 型点火器的工作原理

当起动发动机时,信号转子随分电器轴转动。分电器中的点火信号发生器便有交变的感应电动势脉冲信号产生。当感应线圈输出负信号电压时,电流便经 VS_5、R_2、VD_2、R_1 形成回路。VS_5 导通时,使 VT_1 的发射结反向偏置而截止。VT_1 集电极电位升高,使 VT_2、VT_3 导通,于是点火线圈初级线圈便有快速升高的电流通过;当感应线圈输出正信号电压时,正信号电压经 R_1、VD_1、R_2 加到 VT_1 的基极,使 VT_1 导通并很快达到饱和,当 VT_1 达到饱和时,VT_1 集电极电位只有 0.3V 左右,而 VT_2、VT_3 导通需大于 1.4V 电压差,因而 VT_2、VT_3 迅速截止,点火线圈初级电流被切断,使次级绕组 W_2 中感应出次级高压,该高压电经分电器的配电器传给各缸火花塞。JKF667 型点火器的电路具有闭合角控制功能。

所谓闭合角是指点火线圈初级电路接通时间对应分电器轴转过的角度。闭合角可控目的是在发动机工作时,为保证每次点火的能量基本相等,必须使点火线圈初级电路接通时间基本上保持不变。为此闭合角随发动机转速的升高必须增大,以保证发动机在高速运转时点火线圈初级仍有时间形成足够大的初级电流。闭合角可控电路由 VD_3、C_2、R_3 等组成。在点火信号正脉冲时,信号电流同时对电容 C_2 充电,充电电路为:e 正极→R_1→VD_1→VD_3→C_2

→VT_1 基极至发射极→e 负极。C_2 充电储存的电量是下正上负。而当信号正脉冲消失时，C_2 放电，因为设计时让 R_2 远远大于 R_1，所以可以忽略通过 R_2 的放电电流。则放电电路为：C_2 +→R_3→VD_2→R_1→点火信号发生器感应线圈→VS_5→C_2 -。在 C_2 放电时，给 VT_1 基极至发射极加上反向偏压因而保持截止，VT_2 和 VT_3 保持导通。该放电时间常数 $RC=(R_1+R_3)C_2$ 与发动机转速无关，且发动机转速升高时，信号正脉冲电压随之升高，C_2 的充电电压也随之升高，正信号脉冲消失后 C_2 的放电时间延长，VT_1 的截止时间也就相对增加了。因此由于上述两原因，当发动机转速升高时，增加了点火线圈初级通路的相对时间，即增加了闭合角。

该电路具有初级电流稳定控制功能。在工作中，蓄电池的电压波动很大，初级回路的电阻、电感参数设计必须保证在蓄电池电压较低时能有足够大的初级电流，这会造成蓄电池电压较高时的初级电流过大，导致点火线圈的温度过高。R_8、VS_4 组成的反馈电路起电源电压波动稳定初级电流的控制作用。当电源电压上升时，VT_1 在截止时其集电极上的电压也随之上升，通过 R_8、VS_4 的反馈作用，增加了 VT_1 的饱和导通深度，在信号负脉冲时 VT_1 由导通转向截止变得迟缓，这样就减少了 VT_1 的相对截止时间，即减少了 VT_1 的相对导通时间，使点火线圈初级电流不随电源电压的上升而增大。

该电路具有发动机停转断电保护，当发动机熄火时，如果点火开关仍然接通，这时电源通过 R_4 向 VT_1 提供正向偏压而使 VT_1 导通，VT_2、VT_3 截止。因此点火线圈初级电路处于断路状态，避免了蓄电池向点火线圈持续放电。

2) 典型的磁感应式电子点火器的工作原理

图 4.20 所示为另一种形式的磁感应式电子点火器电路图，它具有闭合角可控、发动机停机自动断电、初级电流稳定控制等功能，还具有最大初级电流限制功能。点火信号发生器为磁感应式，V_1 为触发管，V_2 起放大作用，V_3 为大功率开关晶体管，用于接通关断初级电流。电子点火器根据输入的点火信号脉冲对电路进行如下控制。

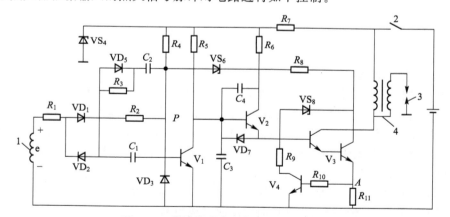

图 4.20 典型的磁感应电子点火器电路图
1—点火感应线圈；2—点火开关；3—火花塞；4—点火线圈

当点火信号负脉冲输入时，信号电流由信号发生器 e 负极→VD_3→R_2→VD_2→R_1→e 正极。VD_3 的正向导通电压降使 V_1 处于反向偏压而截止。V_1 截止时，其 P 点的电位升高，使 V_2 导通，给 V_3 提供了正向偏压，使 V_3 导通。这时，点火线圈初级电路通路，初级电流逐渐增长，此为点火线圈的储能过程。当点火信号正脉冲输入时，V_1 获得正向偏压而导通，

信号电流经 R_1、VD_1、R_2、V_1 发射结形成通路。V_1 导通后使 P 点电位下降，并使 V_2 失去正向偏压而截止，V_3 也随之无正向偏压而截止，使点火线圈初级电路断流，次级产生点火高压。

闭合角可控电路由 VD_5、C_2、R_3 组成。在点火信号正脉冲时，信号电流同时对电容 C_2 充电，充电电路为：e 正极→R_1→VD_1→VD_5→C_2→V_1 基极至发射极→e 负极。充电后 C_2 的极性为左正右负。而当信号正脉冲消失时，C_2 放电，因为 R_2 远远大于 R_1，故可以忽略通过 R_2 的放电电流。则放电电路为：C_2+→R_3→VD_2→R_1→点火信号发生器感应线圈→VD_3→C_2 —。在 C_2 放电时，给 V_1 基极至发射极加上反向偏压因而保持截止，V_2 和 V_3 保持导通，初级线圈保持通路。该放电时间常数 $RC=(R_1+R_3)C_2$。

发动机停转断电保护。当发动机熄火时，电源通过 R_4 向 V_1 提供正向偏压而使 V_1 导通，V_2、V_3 截止，点火线圈初级电路处于断路状态，避免了蓄电池向点火线圈持续放电而白白消耗电能和烧坏点火线圈及晶体管的可能。

初级电流稳定控制。初级电流稳定电路由 R_8、VS_6 组成。当电源电压上升时，V_3 在截止时其集电极上的电压也随之上升，通过 R_8、VS_6 的反馈作用，增加了 V_1 的饱和导通深度，在信号负脉冲时 V_1 由导通转向截止变得迟缓，这样就减少了 V_1 的相对截止时间，也减少了 V_3 的相对导通时间，使点火线圈初级电流不随电源电压的上升而增大。

最大初级电流限制。最大初级电流限制电路由 V_4、R_{11}、R_{10} 组成。当点火线圈初级电流增大到某一限定值时，A 点的电位上升致使 V_4 导通，V_4 导通后使 V_3 的基极电位下降，其基极电流减小，集电极电流（即点火线圈初级电流）就受到了一定的限制。初级电流越大，A 点的电位就越高，V_4 的导通深度就增加，使 V_3 的基极电流下降得就更多，对初级电流的限制作用也就更大。

4.3.3 霍尔效应式电子点火系统

霍尔电子点火系统主要由蓄电池、点火开关、点火线圈、分电器、火花塞、霍尔点火信号发生器和点火器等组成。

1. 霍尔效应

如图 4.21 所示，当电流 I 通过放在磁场中的半导体基片（又称霍尔元件）且电流方向和磁场方向垂直时，在垂直于电流和磁通的半导体基片的横向侧面上即产生一个电压，这个电压称为霍尔电压 U_H。霍尔电压的大小与通过的磁感强度 B 和电流 I 的乘积成正比。

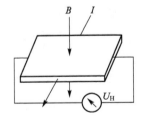

图 4.21 霍尔效应原理

I—电流 ；B—磁场；U_H—霍尔电压

2. 霍尔信号发生器

如图 4.22 所示，触发叶轮 1 的叶片在霍尔集成块 2 和永久磁铁 3 之间转动。当叶片进入永久磁铁与霍尔集成块之间的空气隙时，霍尔集成块中的磁场即被触发叶轮的叶片所旁路（或称隔磁），这时霍尔元件不产生霍尔电压；当叶片离开空气隙时，永久磁铁的磁通便穿过霍尔集成块经导板构成回路，此时霍尔元件产生霍尔电压。霍尔信号发生器工作时，霍尔元件产生的微弱的霍尔电压信号，经过集成电路脉冲整形、放大、变换后，以标准方波输出。霍尔信号发生器需要供给电源才能工作,该电源由点火器提供。因此霍尔信号发生器有 3 根导线与点火器连接,分别为电源输入线、信号输出线和接地线。

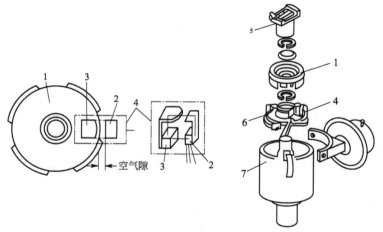

图 4.22　霍尔信号发生器

1—触发叶轮；2—霍尔集成块；3—永久磁铁；4—触发开关；
5—分火头；6—触发开关托盘；7—分电器壳体

3. 霍尔效应式电子点火系统应用

霍尔效应式电子点火系统的点火正时精度高,耐久性好,同时不受温度、湿度、灰尘、油污的影响,不需保养维护,因此使用广泛。

1) 采用分立元件霍尔效应式的电子点火器系统

图 4.23 为早期采用分立元件霍尔效应式的电子点火器系统电路图。该电路在点火信号发生器输入高电位时,VT_1、VT_2、VT_3 导通,点火线圈产生逐渐增大的初级电流。当点火信号发生器输入低电位时,VT_1、VT_2、VT_3 截止,点火线圈的初级电流被切断,产生点火高压电。

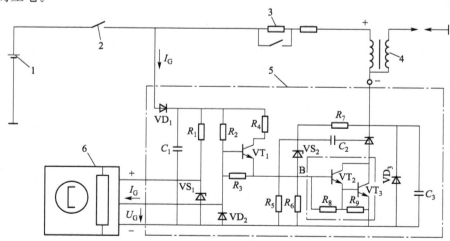

图 4.23　霍尔效应式电子点火系统电路图

1—蓄电池；2—点火开关；3—外加电阻；4—点火线圈；5—点火器；6—点火信号发生器

2) 采用霍尔效应式的桑塔纳轿车的集成电路电子点火器系统

图 4.24 为采用霍尔效应式的桑塔纳轿车的集成电路电子点火器的组成图。

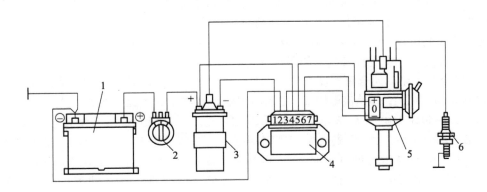

图 4.24 桑塔纳轿车电子点火器系统的组成
1—蓄电池；2—点火开关；3—点火线圈；4—点火器；
5—内装霍尔信号发生器分电器；6—火花塞

图 4.25 为桑塔纳轿车的集成电路电子点火器电路图。该点火器除具有上述点火器的开关作用外，还增加了点火线圈电流限流控制、闭合角控制、停车断电保护、过压保护等功能。下面介绍电路工作原理：

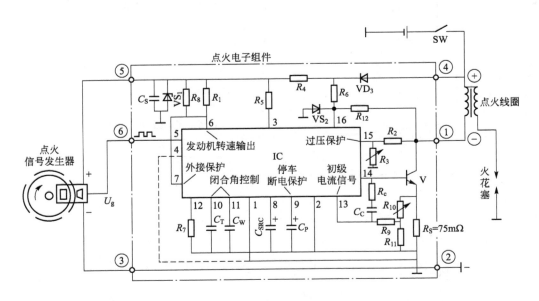

图 4.25 桑塔纳轿车用 L497 集成电路电子点火器电路图

(1) 基本(开关)功能。接通点火开关，起动发动机，分电器开始转动，当霍尔信号发生器的触发叶轮进入空气隙时，霍尔信号发生器输出高电位，通过端子 6 和端子 3 输入点火器。此时，点火器根据发动机的转速、电源电压及点火线圈的特性，适时地使点火器的末级大功率达林顿管 V 导通，接通初级电路。当霍尔信号发生器的触发叶轮离开空气隙时，霍尔信号发生器输入信号下跳为低电位，点火器末级大功率达林顿管 V 立即截止，切断点火线圈初级电路，次级线圈产生高压电。

（2）点火线圈的电流限流控制。RS 为点火线圈初级电流的采样电阻，其电压降与通过点火线圈的初级电流成正比。当电压降超过设定值时，采样电阻压降值反馈到点火集成块中的限流控制电路，使限流控制电路动作，保持点火线圈的初级电流恒定不变。调整 R_{10}、R_{11} 的比值，可改变初级电流的限流值。

（3）闭合角控制。闭合角控制电路由两部分组成，第一部分是由 L497 集成块里的电路与它 10 脚电容 C_T、12 脚偏流电阻 R_7 组成的闭合角基准定时电路。当霍尔电压信号为高电平时，C_T 以一恒定的电流 I_T 充电，其电压 U_T 上升[图 4.26(b)]，调节偏流电阻 R_7 可调整 I_T 值。第二部分是由 L497 集成块与 11 脚电容 C_W、12 脚电阻 R_7 组成的闭合角控制和调整电路。当霍尔信号电压为低电平时，C_W 以恒定的电流 I_W 放电，其电压 U_W 下降[图 4.26(b)]，而当初级电流达到限定值时则开始充电。当 C_T、C_W 的充、放电达到 $U_T=U_W$[图 4.26(b)]两曲线相交]时，内部控制开关使驱动级立即工作，V 立即导通，接通初级电路。可见，点火线圈初级通路的起始点由 C_T、C_W 的充、放电电压达到一致的时间控制，C_W 的电压取决于发动机的转速和集成块的工作电压，于是，该电路可在发动机转速变化和电源电压波动时

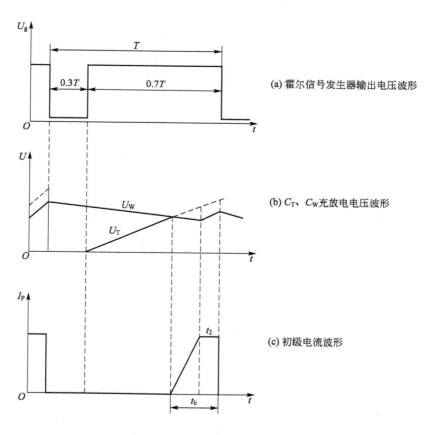

图 4.26 闭合角控制波形图

t_2—初级电流达限定值的持续时间；t_b—初期通路时间

起初级电流稳定的作用。当发动机转速上升时，初级电流达到限定值后的限流时间 t_2 缩短，C_W 的充电电压降低，C_W 放电时达到 $U_T=U_W$ 点提前（U_W 曲线下移），使初级通路提前（闭合角增大）；当发动机转速下降时，则有相反的变化。因此，闭合角控制电路根据发动机转速的变化自动调整下一周期的初级通路起始点，从而使初级通路时间 t_b 基本上保持不变。当电源电压升高时，C_W 充电电压也会升高，C_W 放电时达到 $U_T=U_W$ 点推迟（U_W 曲线上移），使初级通路推迟（闭合角减小）；当电源电压下降时，则作出相反的调整。因此当电源电压变化、初级电流的上升速率变化时，闭合角控制电路通过自动调整闭合角，使初级电流基本保持稳定。

（4）电流上升率控制。电流上升率控制电路由 L497 集成块与 8 脚电容器 C_{SRC}、偏值电阻 R_7 组成。该电路可调整点火线圈初级电流由零上升到峰值的速率。当电路检测到初级电流小于额定值的 94％ 时，控制电路会在输入信号正脉冲消失前将初级电流的上升速率加大，以增大初级电流。

（5）发动机停转断电保护。发动机停转但点火开关未关断时，如霍尔点火信号发生器输出高电平（信号转子叶片插入缝隙）就会使点火线圈持续通路。这不仅浪费了蓄电池的电能，还有可能烧毁点火线圈、电子点火器等。为此，设置了发动机停转断电保护电路。该电路由 1497 集成块、9 脚的 C_P 及 R_7 等元件组成，基准导通时间为 $t_P=16C_PR_7$（ms）。工作时，保护电路不停地检测输入的点火信号电压，信号脉冲高电平时对 C_P 充电，信号脉冲低电平时 C_P 放电。如果在发动机停转时霍尔电压为高电平，C_P 充电持续时间超过了 t_P 时，C_P 上的电压就会达到限流回路模块的阈值工作电压，控制回路就会使点火线圈初级电流逐步下降为零。

4.4 点火系统的维修

4.4.1 点火系统的保养维护

电子点火系统的保养维护内容包括：按照汽车使用说明书要求对正时齿轮带的张紧度进行检查、调整与更换；对火花塞的检查、调整与更换；对分电器的清洁、保养与维护；对连接线路的检查与紧固。

4.4.2 点火系统故障分析

点火系统出现故障会造成发动机无法起动或工作不良（发动机怠速不稳、加速不良、排气管放炮、爆燃等），这些故障可能的故障部位与原因见表 4-4。

下面介绍发动机不能起动和发动机怠速不稳的故障诊断方法。

1. 发动机不能起动故障诊断方法

发动机不能起动时首先应排除蓄电池、起动机、电源线故障，确定发动机故障是点火系统，还是别的原因引起的。点火系统不点火或火花太弱均会造成发动机不能起动，可能的故障部位参见表 4-4。故障诊断方法如下。

汽车电器与电子设备

表 4-4　发动机常见的故障现象与点火系统可能的故障部位

发动机故障现象						点火系统可能的故障部位与原因	
发动机不能起动	起动后立即熄火	发动机急速不稳	发动机加速不良	发动机排气管放炮	发动机爆燃		
○				○		配电器	分火头烧损漏电
○		○		○			分电器盖脏污、破损而漏电
				○		点火提前调节器	真空点火提前装置损坏
			○	○	○		离心点火提前装置损坏
○		○		○		高压导线	高压导线破损漏电、松脱或断裂
○		○		○			高压导线插错
○		○	○	○		点火线圈	初、次级线圈有松脱
		○				火花塞	火花塞积炭
○		○	○	○			火花塞电极烧损或间隙过大
○						点火信号发生器	点火信号发生器损坏
○							信号发生器连接线路接触不良
				○		电子点火器	电子点火器损坏
○							电子点火器接地不良
○	○					开关与线路	点火开关接触不良
○							点火线圈初级电路有断路、短路
				○		点火正时	基本点火提前角过小
○		○	○		○		基本点火提前角过大

(1) 首先直观检查。查看点火系统的连接导线有无松脱。

(2) 为迅速查明点火系统的故障部位，可进行中央高压线试火。即拔出分电器上的中央高压线，使高压线端距发动机机体 3mm 左右，然后接通点火开关，转动发动机，看高压线端与机体间是否跳火。有 3 种可能的情况：火花很强（火花线较粗、呈蓝白色），而且可以听到较清晰的"叭叭"声；火花很弱（火花线很细，呈暗红色）；不跳火。火花很强，说明点火系统低压电路和点火线圈等基本正常，需检查高压回路和火花塞。插回中央高压线，拔出火花塞上的高压分线逐个试火。如果此时不跳火或火花很弱，则说明分电器盖、分火头或高压分线漏电或断路，需对这些部件进行检修；如果火花仍然很强，则需拆下火花塞进行检查。

若火花很弱，可能的故障部件有点火线圈和电子点火器。接通点火开关，并用导线将点火线圈负极接线柱作瞬间搭铁，看中央高压线端跳火是否变强。如果火花变强，则检查或更换电子点火器；如果火花仍然弱，则需检查或更换点火线圈。

对于完全无火花，可能是点火线圈低压电源电路、点火线圈、点火信号发生器、电子点火器等有故障。可依次检查点火信号发生器、电子点火器、点火线圈、中央高压线等有无断路。

2. 发动机转速不稳的诊断方法

发动机转速不稳定，甚至低速易熄火，排气管有时放炮，说明发动机个别缸未工作、窜缸或点火时间不正常，可能的故障部位与原因参见表 4-4，故障诊断方法如下。先寻找不工作缸。在发动机怠速运转情况下，逐缸短路高压分线使其断火，观察发动机的反应。如果发动机转速没什么变化，则说明该缸不工作或工作不良，拔出该缸高压分线作跳火试验，看是否跳火。如果不跳火，则需检查分电器盖、高压分线；如果跳火，则检修或更换火花塞。如果发动机转速明显下降，说明该缸工作基本正常。依次检查其他各缸，若各缸断火时发动机转速均有下降，则拔出高压分线作跳火试验，看火花是否强。如果火花强，则需要检查和调整点火正时，若点火正时正确或调整点火正时后发动机怠速仍不稳，则需要检查油路。

4.4.3 点火正时

点火正时就是使分电器轴的位置与发动机活塞的位置相匹配，使点火系统能有正确的初始点火提前角。发动机工作时，在真空、离心点火提前调节器的初始点火提前角基础上调节点火提前角，因此，点火正时是发动机的点火提前角调节的基础。点火正时的具体安装与调整方法因不同的车型而略有差别，但基本步骤相似，具体如下。

首先找出第一缸压缩终了的上止点。简单实用的找第一缸压缩终了上止点方法是：先拆下第一缸的火花塞，用干净的棉纱堵住火花塞螺孔，摇转曲轴，当棉纱被冲出时，即为第一缸压缩行程，再慢慢转动曲轴，使飞轮上的第一缸上止点记号与飞轮壳上的标记对齐。然后顺着分电器轴旋转的方向，按点火顺序插好各缸的高压线。分火头所对的分电器盖旁的电极插孔插第一缸高压线，为了检查点火正时工作是否有错误，还要进一步看发动机的实际工作情况。为此起动发动机，并使发动机达到正常工作温度，然后在发动机怠速状态下突然加速，看发动机的反应。如果发动机转速上升滞后，感到沉闷或排气管有"突突"的声响，说明点火过迟，应逆分电器轴旋转方向转动分电器外壳，适当调大初始点火提前角；如果在急加速时发动机出现了爆燃(尖锐的金属敲击声)，说明点火时间过早，应顺分电器轴旋转方向转动分电器外壳，使点火提前角适当减小。有条件的话可用点火正时枪进一步检测其规定转速下的点火提前角，通过与标准的点火正时参数比较判断点火正时正确与否。

4.4.4 电子点火系统主要部件的检修

当检测出产生故障的部位后，可以更换产生故障的部件；也可以进一步检查，对故障部件进行修理。

1. 点火信号发生器的常见故障与检修

(1) 磁感应式点火信号发生器的常见故障与检修。磁感应式点火信号发生器的常见故障是信号感应线圈短路或断路、导磁转子轴磨损偏摆或定子(感应线圈与导磁铁心组件)移动而使转子与铁心之间的气隙不当，造成信号过弱或无信号输出而不能触发电子点火器工作。

磁感应式点火信号发生器的检修方法：检查导磁转子与铁心之间的气隙：用厚薄规检查导磁转子与铁心之间的气隙，一般车型的气隙为 0.2~0.4mm。气隙过大或过小时，可以调整修正。有些分电器此气隙不可调，若气隙不合适则只能更换总成。检查感应线圈的电阻;用万用表的电阻挡测量分电器信号输出端(感应线圈)的电阻,若与规定值不符,则需更换点火信号发生器总成。部分车型点火信号发生器感应线圈的电阻值见表4-5。

表4-5 磁感应式点火信号发生器感应线圈电阻参数 （单位：Ω）

汽车厂牌 (型号)	线圈电阻	汽车厂牌 (型号)	线圈电阻	汽车厂牌 (型号)	线圈电阻
丰田	140～180	本田	600～800	切诺基	400～800
日产	140～180	克莱斯勒	920～1120	CA1091	600～800
三菱	500～700	富康	385	JFT667分电器	500～600

(2) 霍尔效应式点火信号发生器的常见故障与检修。霍尔效应式点火信号发生器的常见故障是内部集成块烧坏、线路断脱或接触不良等而使点火信号发生器信号过弱或无信号输出。

霍尔效应式点火信号发生器的检修方法：将分电器插接器电源端子接上电源后，转动分电器轴，检测其信号输出端的直流电压。电压应在某一范围摆动。比如桑塔纳轿车的点火信号发生器,当转子叶片插入缝隙时输出电压为9V,而在叶片离开时则为0.4V左右。

各种点火信号发生器就车检测时，还可以用起动机转动发动机,通过检测其信号输出端的交流电压和波形来判断其是否正常。

2. 配电器的常见故障与检修

配电器的常见故障有分电器盖脏污、破损造成漏电,使火花塞电火花减弱或无火；分电器中央插孔内接触电刷弹簧失效或电刷卡住,增加电路的间隙,造成点火能量的损失；分火头绝缘部分积污而漏电,造成不点火。配电器的检修步骤如下：

(1) 分电器盖的外观检查与清洗。清洗分电器盖内外表面脏污、观察有无裂纹,如果看到分电器盖有裂纹,则需要更换分电器盖。

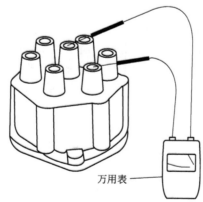

图4.27 用万用表测量分电器盖各插孔之间的电阻

(2) 检查分电器盖绝缘性能。用万用表测量分电器盖各插孔之间的电阻(图4.27),以检验分电器盖的绝缘性能,其电阻应在50MΩ以上。

(3) 检查电刷。检查分电器中央插孔内的接触电刷有无弹性、电刷是否卡住或太短。

(4) 检查分火头。观看分火头有无裂纹；用万用表测量其绝缘电阻来进一步检查分火头有无漏电,也可用高压跳火的方法来检查其是否漏电(图4.28),即将分火头插在发动机的螺栓上或反过来(导电片朝下)平放在发动机机体的某个平面上,拔出分电器盖上的中央高压线,使高压线端离开分火头导电片(或分火头插孔底面),打开点火开关,转动发动机使点火系统产生高压。如果可以看到高压线端跳火,则说明分火头已漏电,需要更换总成。

3. 点火提前角调节器的常见故障与检修

(1) 真空点火提前角调节器的常见故障与检修。真空点火提前调节器的常见故障有弹簧失效，使点火提前调节过大，表现为发动机易产生爆燃；内部膜片破裂漏气，使点火提前调节过小或真空点火提前调节器不起作用。此外还有分电器内的活动板发卡，使点火提前调节过小或真空点火提前调节器不起作用。根据上述真空点火提前调节器的检修方法应该检查真空点火提前调节器弹簧，方法是使真空点火提前调节器壳体不动，用手拨动活动板（触点在活动板）或转动分电器壳体（触点在固定底板），应感到有阻力，手放松后，活动板或分电器壳体能迅速回位；否则，说明真空点火提前调节器弹簧失效，需检查真空点火提前调节器膜片：在真空点火提前调节器的真空管接口处吹气或吸气

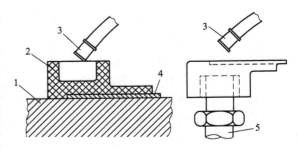

图 4.28　用高压跳火的方法来检查漏电
1—缸体；2—分火头；3—高压导线；
4—分火头导电片；5—螺栓

检查真空点火提前调节器内部膜有无漏气，若有漏气则需更换总成。

检查真空点火提前调节器性能需用专用试验台。在真空泵对真空点火提前调节器施以不同的真空吸力时，测量点火提前角的改变量，并与标准值比较，如果测得的点火提前角度变化过大或过小，可通过适当增减真空点火提前调节器真空管接头处的垫片来调整膜片弹簧的弹力。若调整后仍达不到规定值或是真空点火提前调节器的弹簧力不可调的分电器，则需更换总成。

（2）离心点火提前调节器的常见故障与检修。离心点火提前调节器的常见故障有弹簧失效，导致离心点火提前调节过大；拨板槽与重块上销钉磨损而松旷，使点火提前角变化偏小；拨板与销钉卡死而使离心点火提前调节器不起作用。离心点火提前调节器的检修：首先进行直观检查，再使分电器轴不动，用手转动断电器凸轮，应感到有阻力，手放松后凸轮应迅速回位。手转动时感觉很松或很紧都不正常。然后拆开检查。如果用手转动断电器凸轮感到不太正常，则应打开断电器触点底板，查看离心点火提前调节器有无锈死，弹簧有无断脱。若有，应予以修理或更换。还要进一步检查弹簧拉力。用弹簧秤测量弹簧的拉力，将弹簧拉长至一定的长度，看其张力是否与规定值相符。如果不符，需予以更换。

4. 点火线圈的常见故障与检修

点火线圈的常见故障有初级线圈或次级线圈断路、短路、搭铁，绝缘盖破裂漏电而使最高次级电压下降或不产生次级电压。传统点火系统还有附加电阻烧断，造成点火线圈初级电路断路。因此检修点火线圈时应首先观察点火线圈的绝缘盖有无脏污、破裂，接线柱是否松动、锈蚀。若有脏污、锈蚀可予以清洁后作进一步检查；若绝缘盖有破损则应更换点火线圈。采用万用表的电阻挡测量点火线圈初级线圈、次级线圈的电阻，将测得值与标准值比较，以此来判断点火线圈的初级线圈、次级线圈是否有短路和断路。再用万用表的电阻挡测量点火线圈任一接柱与外壳之间的电阻，其值应不小于$50M\Omega$，否则说明点火线圈绝缘不良，应更换点火线圈。用万用表的电阻挡测量附加电阻，其值应与标准值相符，若测得电阻无穷大，说明附加电阻已烧断，需更换附加电阻。有条件者还可对点火线圈进行性能检验。点火线圈的性能检查需专用的电气试验台，将点火线圈的高压接于一个可调间隙的三针放电器，测定电火花跳过规定间隙时的分电器转速是否达到要求。未达到跳火

规定要求的点火线圈性能不良,应更换点火线圈。

5. 火花塞的常见故障与检修

火花塞长期工作后的故障有火花塞烧损,如火花塞绝缘体起皱、破裂、电极烧蚀、熔化等,使火花塞击穿电压升高,从而导致发动机缺火或不能工作;火花塞有沉积物(积炭、积油、积灰等),使火花塞漏电或击穿电压升高,从而导致发动机缺火或不能工作;火花塞间隙过大或过小,使点火性能下降。火花塞工作寿命一般为15万km,到时应该更换。

火花塞的检修方法:首先直观检查。查看火花塞的电极和绝缘体外观,正常工作的火花塞绝缘体裙部呈浅棕色到灰白色。轻微的积炭和电极烧蚀仍属正常现象,必要时,清洁、锉平已烧蚀的表面,检查并调整好间隙后可继续使用。检查、调整火花塞电极间隙。用塞尺检查火花塞电极间隙,其值应符合说明书的规定。测量时,用规定厚度的塞尺插入火花塞电极间隙,稍有阻力即为适当,否则需用专用工具通过弯曲火花塞旁电极来调整间隙。火花塞各种异常状态的原因及故障处理措施见表4-6。

表4-6 火花塞常见故障及处理措施

火花塞故障状态	可能的故障原因	故障处理措施
绝缘体呈白色,电极熔化	燃烧室积炭过多、排气不畅、冷却系统不良等引起燃烧室的温度过高,火花塞未拧紧而导致火花塞电极散热困难	更换火花塞,检查并排除引起火花塞电极温度过高的原因
绝缘体顶端起皱,电极烧损	火花塞的热值过低而引起早燃、点火时间过早、冷却系统不良而引起早燃	更换火花塞,并检查冷却系统、点火提前角
绝缘体顶端破裂	因点火时间过早、燃烧室温度过高、混合气过稀而导致发动机爆燃	更换火花塞,检查并排除可能导致发动机爆燃的原因
积炭	火花塞的热值过大、混合气过浓、缸壁间隙过大、空气滤清器堵塞、点火系统性能不良、点火时间过迟等	积炭不严重时,清除积炭后可继续使用;积炭严重的需要更换火花塞,检查并排除容易积炭的原因
积油	气缸壁间隙过大或气门导管处间隙过大而窜机油、曲轴箱通风堵塞或机油过多而窜机油	清除机油后可继续使用,但若积油情况依旧,则需检修发动机
积灰	汽油中含有添加剂	清除积灰,检查并调整电极间隙后可继续使用

6. 电子点火器的常见故障与检修

由于电子点火器的工作受点火信号发生器的控制,因此应首先检修点火信号发生器,排除点火信号发生器对它的影响。电子点火器的常见故障有不能产生点火高压或产生的火花很弱。用万用表检查可能得到如下结果:点火线圈初级不能通路而不点火;点火线圈初级不能断路而不点火;大功率晶体管不能工作在开关状态(不能饱和导通及完全截止)使点火线圈初级电流减小或断流不彻底，造成火花减弱。对磁感应式点火系统，可用一节 1.5V 的干电池分别正接和反接于电子点火器的信号输入端来模拟点火信号，同时测量点火线圈负极接线柱对地电压(图 4.29)，根据两次测得的电压值来判断其好坏。检测结果有以下几种情况。

(1) 如果两次测得的电压分别为 0(或小于 2V)和 12V 左右，则说明电子点火器性能良好。

(2) 如果两次测得的电压均高(12V 左右)，则说明电子点火器存在不能导通的故障。如果两次测得的电压均低，则说明电子点火器存在不能截止的故障。

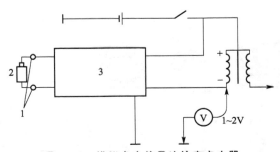

图 4.29　模拟点火信号法检查点火器
1—输入端；2—1.5V 干电池；3—电子点火器

(3) 如果两次测得的结果都是在 2～12V 之间，则说明电子点火器存在不能饱和导通及完全截止的故障。

点火系统的实际维修，由于电子点火系统主要部件的故障检查需要较长时间，为迅速查明故障，维修工人往往用无故障的部件替换怀疑的部件进行试验，若故障消失，说明怀疑正确。否则继续寻找故障件。

习　　题

1．汽油发动机对点火系统的基本要求是什么？影响点火电压的因素有哪些？
2．传统点火系统是如何工作的？其基本组成部件有哪些？
3．传统点火系统的实际工作特性与理论工作特性有何差别？影响最高次级电压的因素有哪些？
4．点火线圈附加电阻起什么作用？附加电阻断路、点火线圈低压接线柱上的接线错误会导致什么故障现象？
5．分电器上电容器的作用是什么？电容器短路、断路或漏电会有什么故障现象出现？
6．发动机转速与负荷变化时，分电器是如何自动调整点火提前角的？
7．火花塞的电极间隙大小对点火性能有何影响？
8．何谓火花塞的自洁温度？国产火花塞如何表示火花塞的热特性？火花塞的热特性对发动机工作有何影响？
9．传统点火系统主要有哪些缺陷？造成这些缺陷的根本原因是什么？
10．电子点火系统的基本组成部件有哪些？是如何进行工作的？
11．无触点电子点火系统的点火信号的产生方式有哪些？各有什么特点？
12．何谓闭合角可控？闭合角可控的作用是什么？举例说明闭合角可控电路的原理。
13．除了闭合角可控电子电路外，在电子点火器中还有哪些用来控制点火线圈初级电流的电路？
14．点火系统各部件的常见故障有哪些？如何检查？
15．点火系统可能出现的故障有哪些？如何诊断点火系统的故障？

第 5 章
照明、信号系统

本章学习目标

了解汽车照明系统、信号系统的构成；
理解汽车照明系统、信号系统的基本原理；
掌握汽车照明系统、信号系统一般故障的判断及检测方法。

本章教学要点

知识要点	能力要求	相关知识
前照灯的要求及结构	了解汽车前照灯的要求，掌握汽车前照灯的结构组成及工作原理	前照灯防眩目措施
前照灯控制电路	了解前照灯延时控制电路，掌握前照灯自动变光控制电路	灯开关未关警告电路
闪光器	掌握闪光器的作用、结构组成及基本原理	电容闪光器、电热闪光器、电子闪光器
电喇叭	掌握电喇叭的作用、结构及工作原理	触点电喇叭、无触点电喇叭、喇叭继电器

第5章 照明、信号系统

**导入案例**

2013年2月1日，有10余年驾龄的肖某晚上开车行驶在路上，与对面车辆会车时，对面车辆前照灯灯光由近光变换为远光，造成眩目致使肖某靠右行驶撞倒行人致其死亡。

这次事故提醒驾驶人一定要熟悉汽车照明系统的作用，同时还要正确操作汽车上的各种照明设备，以提高汽车的行驶安全性。

5.1 照明系统

汽车上安装有各种照明设备和灯光信号设备，主要用于保证汽车夜间行车的安全及提高其行驶的速度。

汽车照明、信号设备组成如下：

（1）前照灯：俗称头灯或大灯，用于夜间行车的道路照明，同时也可发出远光和近光交替变换的灯光信号，以便夜间超车和避免会车时使对方驾驶人眩目。

（2）后照灯：也称尾灯，装在汽车尾部，用于夜间照明，警示后面的车辆，以保持一定的距离，灯光一般为红色。

（3）雾灯：也称防雾灯，一般装在前照灯的下方或内侧，用于雾、雪、雨天道路照明，灯光颜色为黄色或橙色，这两种颜色光的波长较长，有较好的穿透能力，所以能照亮车前方较远距离的路面。

（4）牌照灯：装在汽车后面，用于夜间照明车辆牌照，让其他车辆驾驶人和行人看清车辆牌号，以便安全管理。要求灯光亮度好，且光线均匀。

（5）示宽灯：也称小灯，用于夜间行驶或停车时，标示车辆的存在和轮廓。一般装在车头和车尾左右两侧的边缘。前示宽灯的灯光为白色或橙色，后示宽灯的灯光为红色或橙色。

（6）转向信号灯：一般位于车辆的四角，汽车转弯时，发出明暗交替的闪光信号，以标示汽车向左或向右转向行驶，前转向信号灯的灯光为橙色，后转向信号灯也可为红色。前转向信号灯通常和示宽灯制成双丝灯泡，后转向信号灯通常和尾灯制成双丝灯泡。

（7）制动信号灯：装在车辆的后部，用于车辆制动停车或减速行驶时，向其后的车辆或行人发出制动信号，以提醒注意。制动信号灯的灯光为醒目的红色，以保证夜间100m以外能够看清楚。

制动信号灯开关通常有两种类型：一种是装在制动踏板后面，由制动踏板直接控制的开关；另一种为液压或气压式开关，一般装在制动控制阀上或制动总泵出口处，由制动系统的液压或气压控制。

（8）倒车灯：安装于车辆后面，用来汽车倒车时照明，并警告其后的车辆和行人，灯光为白色。

目前多将汽车后部的尾灯、后转向信号灯、制动信号灯、倒车灯等组合起来，称为组合后灯；而将前照灯、雾灯或前转向信号灯等组合在一起，称为组合前灯。

(9)报警灯：用来监测汽车各系统的技术状况，当某一系统出现异常情况时，对应的报警灯亮，提醒驾驶人该系统出现故障，灯光为红色、绿色或黄色。

此外还有仪表灯、顶灯、阅读灯、仪表灯、踏步灯、门灯、行李箱灯、工作灯等。

上述的各种照明、信号灯中，除了前照灯和雾灯应用光学原理特制外，其他均属普通照明灯具，仅因用途的不同，在照明的亮度和光的颜色上有不同的要求和规定。这里主要介绍前照灯。

为保证夜间行车安全，世界各国一般都以法律的行式规定了车辆前照灯的照明标准，基本要求如下：

(1)前照灯应保证车前有明亮而均匀的照明，使驾驶人能看清前100m以内路面上的任何障碍物。随着车辆行驶速度的提高，前照灯的照明距离也相应要求越来越远，现代高速汽车的照明距离应达到200~250m。

(2)前照灯应能防止眩目，确保夜间两车迎面会车时，不使对方驾驶人因眩目而造成交通事故。

1. 前照灯的结构

前照灯(图5.1)的光学组件由灯泡、反射镜(图5.2)和配光镜三部分组成。

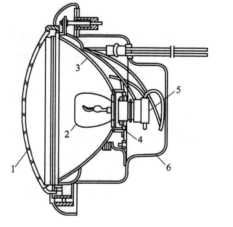
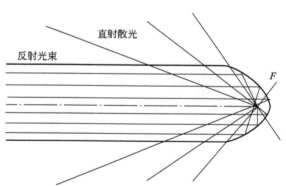

图5.1 半封闭式前照灯
1—配光镜；2—灯泡；3—反射镜；
4—插座；5—接线盒；6—灯壳

图5.2 反射镜的作用

1) 灯泡

灯泡是前照灯的光源，一般为双灯丝，功率较大的为远光灯丝，功率较小的为近光灯丝。汽车的前照灯一般有白炽、卤素、氙气等类型。随着汽车技术的不断发展，过去那种白炽真空灯已先后被淘汰。现在汽车的前照灯以卤素灯、氙气灯为主。

(1)卤素灯，就是在灯泡内渗入少量的惰性气体碘，从灯丝蒸发出来的钨原子与碘原子相遇反应，生成碘化钨化合物，当碘化钨化合物一接触白热化的灯丝(温度超过1450℃)，又会分解还原为钨和碘，钨又重新回到灯丝中去，碘则重新进入气体中。如此循环不已，灯丝几乎不会烧断，灯泡也不会发黑，所以它要比传统的白炽前照灯寿命更长，亮度更大。现在的汽车普遍采用卤素前照灯。图5.3所示为新君威配置的卤素灯，这是该车款的低配版前照灯，配置了一对近光卤素灯和一对远光卤素灯，没有自动调节功能。

（2）氙气灯，英文简称是HID。它所发出的光照亮度是普通卤素灯的两倍，效果对比如图5.4所示，而能耗仅为卤素灯的2/3，使用寿命可达普通卤素灯的10倍。氙气灯极大地增加了驾驶的安全性与舒适性，还有助于缓解人们夜间行驶的紧张与疲劳。驾车者可在第一时间内发现危险，从而获得足够的反应时间，很大程度上减少了夜间事故发生率。目前国内推出的全新奥迪、帕萨特、别克君威、马自达等豪华款均配备了氙气前照灯。氙气前照灯将会成为市场的主流。图5.5所示为新君威配置的高配版前照灯：标配氙气灯＋德国海拉二代双光透镜。此透镜通过电磁阀控制远近光切换功能并具有由步进电动机控制的水平高低自动调节功能。同时该前照灯还具有转向辅助照明功能（转弯时内角侧有一个卤素灯泡点亮，灯光角度指向弯道内侧）。

图5.3　新君威卤素灯

图5.4　卤素灯和氙气灯效果对比

图5.5　新君威氙气灯

阅读材料5-1

卤素灯和氙气灯的比较

氙气灯的最大优势是瓦数低、亮度强，尤其是夜间照明效果好。标准的汽车氙气灯发出光线的色温更接近日光，这种光色在夜间优势很明显，能帮助驾驶人提高对物体轮廓的辨认能力，让驾驶人能清楚地看到远距离的事物，这样在夜间行驶中会更加安全。

其次，氙气灯的使用寿命比较长，由于氙气灯没有灯丝，不会产生因灯丝断掉而报废的问题。它的使用寿命是一般车灯的3倍。

虽然卤素灯和氙气灯相比，其照明效果和节能方面明显不如氙气灯，但是作为众多车型所选用的车灯，依然有一定的优势所在。

相对来说，卤素灯的价格比较便宜，对于一些价位较低的车型，或者经济条件一般，购车只为代步的车主来说，选择卤素灯还是很划算的。首先，卤素灯损坏后，其更换价格比氙气灯低很多；其次，如果平时不经常夜晚驾车，普通的卤素灯照明完全可以，因为氙气灯的优势是在夜间所射光线如同日光，如果夜间不经常开车，安装氙气灯稍显浪费。

然而，和氙气灯相比，卤素灯的最大优势是在雾天的作用。氙气灯在正常情况下使用，光线亮度非常好，但是遇到雾天，由于氙气灯所射灯光亮白，所以光的穿透力明显不如卤素灯略黄色的灯光效果好。

对比来看，氙气灯在使用中的确具有很大的优势，但是在选购中需要注意，目前一些城市是限制车主使用氙气灯的(如武汉、广东限制加装和改装氙气灯)，所以在购买前，先要了解所在城市是否禁止使用氙气灯。其次，如果选定原厂家安装氙气灯，那么就要提前咨询清楚，因为厂家会按照车主的要求在车出厂前就将卤素灯改装成氙气灯，通常情况下原厂家的氙气灯都比较昂贵。一般情况下，一盏氙气灯在5000元左右，所以车主在选择时要考虑自己的经济承受力。

2) 反射镜

反射镜也称反光镜，其作用是尽可能地将灯泡发出的光线聚合成很强的光束射向远方，将前照灯的光亮度增强至几百倍至上千倍。试验证明，一个装有45~60W灯泡的前照灯，如果不装反射镜，其光亮度只能照清车前6m左右的路面，而加装反射镜后，能照亮车前100~150m内的路面。

3) 配光镜

配光镜也称散光玻璃，由透明玻璃压制而成，配光镜的外表面平滑，而内表面则是由很多特殊的棱镜和透镜的组合体，如图5.6所示。它将反射镜反射光束进行折射与散射，使平行光束在水平方向扩散，以扩大光线的照射范围；在竖直方向向下折射，使车前100m以内的路面各处都有良好而均匀的照明。

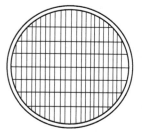

图5.6 配光镜的几何形状

前照灯主要由光学组件和灯壳等组成，其结构形式有可拆式、半封闭式和全封闭式

3种。

(1) 可拆式前照灯。可拆式前照灯的组件均可解体，密封性差，反射镜容易受潮气和灰尘的污染而降低反射能力，故已被淘汰。

(2) 半封闭式前照灯。半封闭式前照灯如图5.1所示，其配光镜靠卷曲在反射镜边缘上的牙齿紧固在反射镜上，用橡胶圈密封，灯泡从反射镜后端装入。这种前照灯的光学组件密封性较好，大大减少了反射镜的污染，延长了使用寿命，且制造简单，价格便宜，保修方便，目前应用较多。

(3) 全封闭式前照灯。全封闭式前照灯的配光镜和反射镜用玻璃制成一体，灯丝直接焊在反射镜底座上，里面充惰性气体，如图5.7所示。这种前照灯可避免反射镜被污染及遭受大气的影响，其反光效率高、使用寿命长，因此使用日渐广泛。但灯丝烧坏后，需要更换整个光学总成。

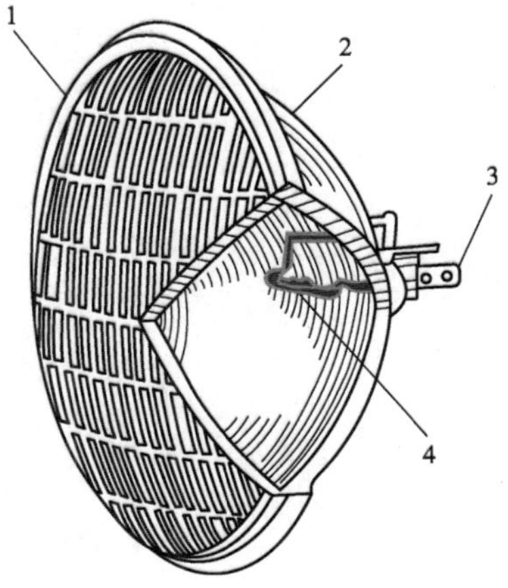

2. 前照灯的防眩目措施

眩目是指人的眼睛突然被强光照射时，由于视觉神经受刺激失去对眼睛的控制，本能地闭上眼睛或只能看清亮处而看不见暗处物体的生理现象。如果夜间两车迎面相会，对方驾驶人因前照灯的光束而产生眩目，这时极易引发交通事故。所以必须采取有效的防眩目措施。常用的防眩目措施如下：

1) 采用双丝灯泡

双丝灯泡中功率较大的远光灯丝位于反射镜的焦点，并与光轴平行；近光灯丝位于焦点上方。远光灯丝通电时，灯泡光线由反射镜反射后于光轴平行射向远方，可获得较远的照射距离和较小的散射光束；近光灯丝通电时，灯泡光线经反射镜反射的主光束投向路面，可避免对方驾驶人眩目。

2) 在近光灯丝下方设配光屏

图5.7 全封闭式前照灯
1—配光镜；2—反射镜；
3—接头；4—灯丝

普通双丝灯泡还有一部分光线偏上照射，降低了防眩目的效果。将近光灯丝置于焦点前上方的位置，并在下方装一配光屏（图5.8），它挡住了近光灯丝射向反射镜下半部的光线，从而消除了近光灯光束斜向上方照射的部分，使防眩目效果更好。

3) 采用非对称近光灯光形

近光灯加装配光屏后，眩目问题基本解决了，但使用近光灯会车时，由于近光灯照射距离较近，势必降低车速。为了既能防眩目，又能改善近光灯的照明条件，将配光屏单边倾斜15°，近光灯丝发出的光线经反射镜和配光镜后就得到了形似"L"的非对称近光光形[图5.9(b)]。

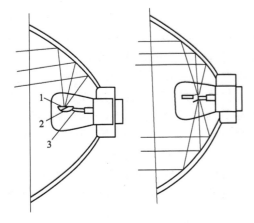

图5.8 具有配光屏的双丝灯泡
1—近光灯丝；2—配光屏；3—远光灯丝

这种配光符合联合国经济委员会制定的 ECE 标准，被称为 ECE 形配光，是一种比较理想的配光，我国现已采用。这种 L 形非对称近光光形与图 5.9(a)所示的对称光形相比，其光形有一条明显的明暗截止线，即左上方是一个明显的暗区，处于迎面驾驶人眼睛位置附件，可以防止迎面驾驶人眩目；下方及右上方 15°是一个亮区，可将车前面和右方行人道照亮。近年来，又出现了另一种被称之为 Z 形配光的非对称型配光[图 5.9(c)]。

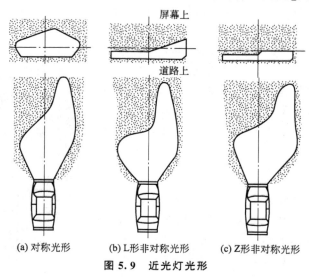

(a) 对称光形　　(b) L 形非对称光形　　(c) Z 形非对称光形

图 5.9　近光灯光形

3. 前照灯的控制电路

前照灯由驾驶人通过灯光开关及变光开关控制，在一些汽车上还设置了前照灯自动控制电路，以实现某种自动控制功能。比如，前照灯的延时控制、自动变光控制、灯开关未关警告等。

1) 前照灯延时控制电路

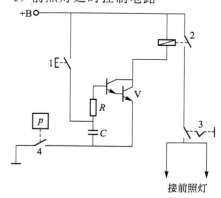

图 5.10　前照灯延时控制电路
1—前照灯延时按钮；2—延时控制继电器；
3—变光开关；4—机油压力开关

前照灯延时控制电路可使已关闭了点火开关及灯开关的前照灯继续亮一段时间后自动熄灭，以便给驾驶人离开黑暗的停车场所提供照明。下面以图 5.10 所示的典型电路为例，说明前照灯延时控制电路的作用原理。

当需要前照灯延时关灯时，驾驶人在离车前按一下仪表上的前照灯延时按钮，电源就开始对电容 C 充电（机油压力开关在发动机熄火后处于闭合状态），其充电电路为：蓄电池正极→延时按钮开关→电容 C→机油压力开关→搭铁→蓄电池负极。电容 C 充电后，使晶体管 V 的基极有较高的电位而导通，前照灯延时继电器线圈通电，其触点闭合，接通了前照灯电路。

松开前照灯延时开关按钮后，电容 C 开始放电，放电电流经过电阻 R 和晶体管 V 的发射结，使晶体管 V 保持导通，前照灯通电提供照明，一直到晶体管 C 电压下降至不能维持晶体管 V 导通时,晶体管 V 截止,继电器断电,前照灯熄灭。

前照灯延时关闭的时间取决于电容 C 的放电时间,调整延时电路中的 C、R 参数,就可以改变前照灯延时关闭的时间。

2) 前照灯自动变光器

前照灯自动变光控制电路的作用是使汽车在夜间行车会车时能自动进行远、近光切换,以提高会车时的行车安全。前照灯自动变光控制电路的结构有多种形式,但基本原理均相似。图 5.11 所示为前照灯自动变光控制电路,该电路中采用的是一款国产自动变光器。

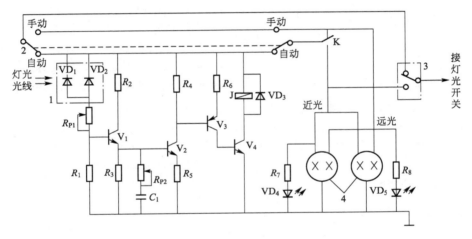

图 5.11 前照灯自动变光控制电路

1—灯光传感器;2—手动与自动变光转换开关;
3—变光开关;4—前照灯

该自动变光器主要由传感器(VD_1、VD_2)、放大电路(V_1、V_2、V_3、V_4 等)和变光继电器组成。在夜间行车无迎面来车灯光照射时,灯光传感器(VD_1、VD_2)内阻较大,使得 V_1 基极没有导通所需的正向电压而截止,于是 V_2、V_3、V_4 的基极也都因无正向导通电压而截止,继电器线圈 J 不通电,继电器触点 K 的常闭触点接通远光灯。

当迎面来车或道路照明较好时,VD_1、VD_2 因受迎面灯光照射而使其电阻下降,使得 V_1 基极电位升高而导通,V_2、V_3、V_4 的基极也随之有正向偏置电压而导通,于是,继电器线圈便通电,使其常闭触点打开,常开触点闭合,前照灯由远光灯自动切换为近光灯。

会车结束后,VD_1、VD_2 因无强光照射而电阻增大,V_1 又截止。此时,由于电容 C 的放电,使 V_2、V_3、V_4 仍保持导通,1~5s 后,待电容 C 放电至 V_2 不能维持导通状态时,继电器才断电,前照灯恢复远光照明。延时恢复远光可避免会车过程中由于光照突变而引起的频繁变光,以提高近光会车的可靠性。延时的时间可通过电位器 R_{P2} 进行调整。

该变光控制电路可使前照灯在 150~200m 处有迎面来车时,自动从远光转变为近光,待会车结束后,又自动恢复前照灯远光照明;在市区保持前照灯近光照明。自动/手动转换开关可以让驾驶人选择自动或手动变光,在自动变光器失效的情况下,通过此开关仍可实现人工操纵变光。

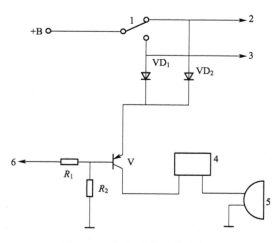

图 5.12 灯开关未关警告电路

1—灯开关；2—接前照灯；3—接其他照明灯；
4—蜂鸣器控制器；5—蜂鸣器；6—接点火开关

3）灯开关未关警告电路

白天行车因过隧道或其他原因开灯后容易忘记关灯，关灯警告装置用于提醒驾驶人在停车时及时关闭车灯开关。图 5.12 所示的灯开关未关警告电路控制蜂鸣器鸣响报警。

当驾驶人关闭点火开关时，如果灯开关未关，晶体管 V 的基极就有正向导通电压而使 V 导通，接通了蜂鸣器电路，蜂鸣器发声，提醒驾驶人关掉灯开关。在行车时开灯，由于点火开关在接通状态，V 的基极电位高而保持截止，因此，蜂鸣器不会通电发声。

在有的汽车上，还装有前照灯自动关闭控制电路、前照灯昏暗自动亮起控制电路、前照灯照射角度自动控制电路等，用以满足汽车更高的照明要求。

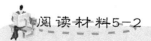

阅读材料 5—2

汽车灯语的用法

"灯语"在夜间行车当中才能用到，正确的使用灯语，可以避免一些事故的发生，并且能起到提醒、警示的作用。

1. 超车或者路口的绿灯亮后前车不走

相应灯语：前照灯闪一下或两下。

在路口等车，当绿灯亮时，有时候会遇到前车不动的情况。也许前车驾驶人是新手，紧张、起步慢，也许是没有留意到指示灯的变化。这时，后车通常都会采取一点措施，给对方一点提示。我们可以用前照灯闪一下或两下，提醒前车驾驶人注意，切记不要过于频繁。超车也是一样，可以适当地闪前照灯一下或两下提醒前车驾驶人避让或者注意。

2. 夜晚会车时遇强光闪眼

相应灯语：前照灯闪两下。

随着时代的进步，路上越来越多的车都换装了氙气前照灯。有些驾驶人晚上驾车时会一直使用前照灯远光灯。遇到这种情况该怎么办呢？可以在会车前较远距离时闪两下前照灯，提醒对方会车时切换灯光。如果闪灯还没有得到回应，也可以直接打开远光灯，迅速关上，以提醒来车驾驶人要变换灯光。

3. 好心提醒对方司机注意自车状态

相应灯语：前照灯灯闪 3 下，并辅助喇叭提醒。

在行车过程中，如果发现前车车门没关好，或者轮胎的气压明显不足等情况。可以向前车连续闪3下前照灯，等前车驾驶人注意到灯光时再闪3下前照灯。如果有些驾驶人没有领会的话，还可以用喇叭提醒。

4. 对面来车或前车并道忘记给出转向指示

相应灯语：前照灯闪一下或两下。

车辆行驶过程中，碰到对面来车且没有红绿灯的情况，如果对面来车不给出转向灯提示，很难判断其是直行或者转向。这时候，可以闪一下或两下前照灯，询问对方驾驶人的意图。还有一种情况，有些驾驶人一车跨两道，或者并道不打转向灯，更有一些驾驶人一会儿这一车道，一会儿又那一车道。这时，可以用灯光来提醒或者警告前车驾驶人。

5. 遇到车辆并道时

相应灯语：前照灯闪一下"同意"，前照灯连闪"拒绝"。

在并道或者车流交汇的路段，相互抢道是很危险的，需要并道的车绝对不能直接强行变道，而遇到有车提示需要变道时，是同意对方变道，还是拒绝对方的要求，后车一定要给对方明确的提示。如果后车同意变道，就会减速让行，并闪一下前照灯，表示"同意"；如果后车不同意，或条件不允许，会连续闪几下前照灯表示"拒绝"。

6. 提醒行人或非机动车注意

相应灯语：连续闪烁前照灯，或突然近光变远光。

夜晚，随意横穿马路的行人及电动自行车等非机动车给行车带来了很大的安全隐患。这时候，我们只能用频闪前照灯的方式，或者以近光灯变远光大灯的方式进行劝阻，以避免横穿马路的行人和非机动车与汽车碰撞。

7. 出入小巷或视野盲区需要小心

相应灯语：闪3下前照灯，辅助鸣喇叭。

车辆行驶在小巷、胡同或易产生视野盲区的地方时，来车或行人都无法感知胡同口或小巷口的来车情况。所以需要进入小巷口的驾驶人最好闪3下前照灯，并辅助鸣喇叭，以提醒来车或行人注意。

喇叭语言解析

在日间行车过程中，灯光不能起到良好的提示与沟通的作用，这就需要我们用鸣笛声作为车与车之间沟通的方式。然而在夜间用灯光做"提示"或"警示"时，合理地按喇叭可以起到更好的提示作用。但喇叭使用不当，往往会引起他人的强烈不满。如何合理运用"汽车喇叭语言"呢？

1. 两车对面行驶相遇时

相应语言：短促的一声"嘀"。

当两车对面行驶相遇时，一声短促的"嘀"是一种招呼语言。这种"嘀"声轻、短促，不会引起他人的反感。一般用于两车驾驶人互相打招呼，或者驾驶人与行人打招呼，也是错车时相互表示的一种礼仪用语。

2. 超车时，礼让三分的致意

相应语言：短促的两声"嘀嘀"。

超车时,在通常情况下是小轿车先行,或是快车先行。要超车时,除了用灯光示意前车,最好加上短促的两声"嘀嘀"。这种方式要掌握尺度,不能让前面的驾驶人产生反感。

3. 提醒前方的行人或非机动车

相应语言:短促而有节奏的3声"嘀 嘀嘀"或"嘀 嘀嘀 嘀嘀"。

在正常行驶中,需提醒前方的行人及非机动车注意,并为自己让路时,可以采用短促而有节奏的3次鸣笛声"嘀 嘀嘀"加以提示,以避免交通事故的发生。另一种情况,在行人、机动车较少的道路或通过交叉路口时,可以采用"嘀 嘀嘀 嘀嘀"的鸣笛方式。目的是在正常的行驶速度中,提示前方行人及车辆,避免因突如其来的行人或车辆而使自己措手不及。

4. 远距离有障碍物、强行超车或遇急转弯

相应语言:汽笛长鸣"嘀~~"。

在行驶过程中,遇到远方有障碍物、强行超车和急转弯时,可以采用汽笛长鸣"嘀~~"的方式。其目的是"提示"或"警示"前车或行人等。当然,这种鸣笛方式很容易引起他人的不满,并且有些地方属于禁鸣区,所以不建议经常使用。

5.2 闪光继电器

闪光继电器简称闪光器,其作用是使转向信号灯按一定的频率闪烁,以指示转弯方向。闪光器目前常用的有电容式、电热式和电子式3种类型。

5.2.1 电容式闪光器

电容式闪光器由电磁式继电器连接一个电容所构成,其结构与内部电路有不同的形式,但原理基本相同,都是通过电容的充放电延时特性,控制继电器触点按某一频率开闭而使转向灯闪烁。一种典型的电容式闪光器的结构简图如图5.13所示。

闪光器触点K通过弹簧片2保持常闭;串联于转向灯电路的线圈3其电阻较小;并联的线圈4的电阻较大。

当车辆向右转弯时,接通转向信号灯开关8,右转向信号灯被串入电路中,电流从蓄电池正极→电源开关→接线柱B→串联线圈3→触点1→接线柱L→转向信号灯开关8→右转向信号灯和指示灯10→搭铁→蓄电池负极,形成回路。此时并联线圈4、电解电容器7及灭弧电阻5被触点1短路,而电流通过串联线圈3产生的磁吸引力大于弹簧片2的作用力,触点1迅速被打开,转向信号灯一闪亮后立即变暗。

触点1打开后,蓄电池向电解电容器7充电,其充电电流由蓄电池正极→电源开关11→接线柱B→串联线圈3→并联线圈4→电解电容器7→转向信号灯开关8→右转向信号灯和指示灯10→搭铁→蓄电池负极,形成回路。由于并联线圈4电阻较大,充电电流小,不足以使转向信号灯亮,则转向信号灯仍处于暗的状态。同时,充电电流通过串联线圈3和并联线圈4产生的电磁吸力方向相同,使触点继续打开。随着电容器的充电,电容器两

端的电压逐渐升高，其充电电流逐渐减小，串联线圈 3 和并联线圈 4 的电磁吸力减小，使触点 1 闭合。触点 1 闭合后，转向信号灯和指示灯处于亮的状态，此时电流由蓄电池正极→接线柱 B→串联线圈 3→触点 1→接线柱 L→转向信号灯开关 8→右转向信号灯和指示灯 10→搭铁→蓄电池负极，形成回路。与此同时，电容器放电使并联线圈 4 中产生的磁场方向与串联线圈 3 的磁场方向相反，使电磁力减小，因而触点不能被吸开，右转向信号灯和指示灯 10 继续发亮。随着电容器的放电，电容器两端的电压逐渐下降，其放电电流减小，并联线圈 4 产生的磁场作用减弱，串联线圈 3 的电磁吸力增加，触点 1 又打开，灯光变暗。如此反复，电容器不断地充电放电，使继电器的触点不断开闭，从而使转向信号灯和指示灯闪烁。电容充放电回路中 R、C 参数决定了转向灯的频率，灭弧电阻 5 与触点并联，用来减小触点火花，延长触点的寿命。

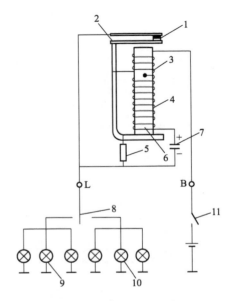

图 5.13　电容式闪光器
1—触点；2—弹簧片；3—串联线圈；
4—并联线圈；5—灭弧电阻；6—铁心；
7—电容器；8—转向信号灯开关；
9—左转向信号灯和指示灯；
10—右转向信号灯和指示灯；11—电源开关

5.2.2　电热式闪光器

电热式闪光器主要由通断电时会热胀冷缩的热胀条、带触点的翼片等组成，分直热式和旁热式两种。

1. 直热翼片式闪光器

直热翼片式闪光器如图 5.14 所示。翼片为弹性钢片，热胀条是热膨胀系数较大的合金钢带。热胀条在冷却状态时，将翼片绷紧成弓形，使触点处于闭合状态。

接通转向灯开关时，转向灯通电，其电路为：蓄电池正极→接线柱 B→翼片 2→热胀条 3→触点→接线柱 L→转向灯开关 7→转向灯和转向指示灯 8→搭铁→蓄电池负极，转向灯亮。热胀条通电而受热伸长，当伸长到一定长度时，翼片在其自身弹力作用下突然绷直，使触点断开，转向灯电流被切断，于是转向灯熄灭。触点断开后，热胀条因断电而冷却收缩，最终又使翼片弯曲成弓形，触点又闭合。触点闭合时，又接通了转向灯电路，转向灯又亮起。如此交替变化，使转向灯闪烁。

2. 旁热翼式闪光器

旁热翼片闪光器如图 5.15 所示，电热丝的一端焊在热胀条上，另一端则与静触点相连。在翼片绷紧时，触点是断开的。

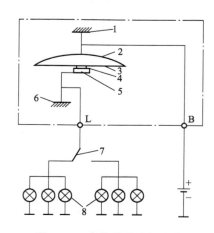 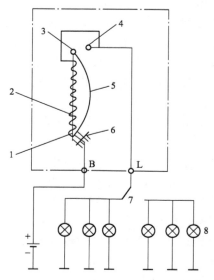

图 5.14　直热翼片式闪光器　　　　　图 5.15　旁热翼片式闪光器
1、6—支架；2—翼片；3—热胀条；　　1—热胀条；2—电热丝；3—动触点；
4—动触点；5—静触点；7—转向灯开关；　　4—静触点；5—翼片；6—支架；
8—转向灯及转向指示灯　　　　　　7—转向灯开关；8—转向灯及转向指示灯

接通转向灯开关后，电流由蓄电池正极→接线柱 B→热胀条 1→电热丝 2→接线柱 L→转向灯开关→转向灯→搭铁，流回蓄电池负极。由于转向灯的电流通过电阻较大的电热丝，其电流很小，因而灯是暗的。电热丝通电产生的热量使热胀条受热伸长到一定长度时，翼片便在自身弹力作用下伸直而使触点闭合。电流由蓄电池正极→接线柱 B→翼片 5→触点→接线柱 L→转向灯开关→转向灯→搭铁，流回蓄电池负极，电热丝被触点短路，因而转向灯电流增大，转向灯变亮。被短路后的电热丝不产生热量，热胀条便开始冷却收缩，逐渐拉紧翼片，翼片弯曲后又使触点断开，灯又变暗。如此循环，使转向灯闪烁。

翼片式闪光器闪光频率较为稳定，其结构简单、体积小，翼片工作时突然伸直和弯曲所发出的弹跳声，可以从声音上给驾驶人以"转向灯开着"的提示。

5.2.3　电子式闪光器

电子式闪光器分有触点式和无触点式两种。有触点式闪光器仍以继电器触点来通断转向灯电路，由电子电路来控制继电器线圈电流，使继电器工作；无触点式电子闪光器由电子电路控制晶体管的导通和截止来通断转向灯电路。

有触点式电子闪光器电路如图 5.16 所示，它主要由晶体管开关电路和继电器组成。晶体管开关电路由晶体管、电阻、电容器等组成的自励振荡电路中的 R_2、R_3 和 C 并联。

当车辆左转向时，接通电源开关 SW 和转向灯开关 S_2，电流由蓄电池正极→接线柱 B→R_1→继电器的常闭触点 S_1→接线柱 S→转向灯开关 S_2→搭铁→蓄电池负极，左转向信号灯亮。当电流流过 R_1 时，在 R_1 上产生电压降，晶体管 VT 因正向偏置而导通，集电极电流 I_c 通过继电器 K 的线圈，使继电器常闭触点 S_1 立即断开，左转向信号灯熄灭。

照明、信号系统 第5章

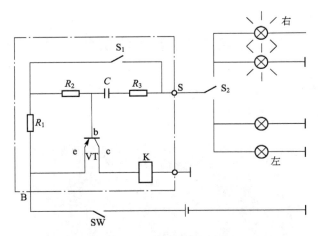

图 5.16 有触点式闪光器电路

在晶体管导通的同时,其基极电流向电容器充电,其充电电路是:蓄电池正极→电源开关 SW→接线柱 B→VT 的发射极 e、基极 b→电容 C→R_3→接线柱 S→转向灯开关 S_2→左转向信号灯→搭铁→蓄电池负极。在充电过程中,随电容器电荷的积累,充电电流逐渐减小,晶体管 VT 的集电极电流也随之减小,当此电流不足以维持衔铁的吸合而释放时,继电器的常闭触点又重新闭合,转向信号灯再次发亮。这时电容 C 通过电阻 R_2、继电器的常闭触点、电阻 R_3 放电。放电电流在 R_2 上产生的电压降又为晶体管 VT 提供正向偏置电压使其导通。这样,电容 C 不断地充电和放电,晶体管 VT 不断地导通与截止,控制继电器的触点反复闭合与断开,使转向信号灯发出一明一暗的闪光。

无触点式电子闪光器电路如图 5.17 所示,接通转向灯开关后,电源通过 R_2 和 R_1、C 向 V_1 提供正向偏置电压而使 V_1 饱和导通,V_1 导通后,V_2 基极无足够的导通电压而截止,V_3 随之截止。V_1 的导通电流经转向灯形成回路,但由于通过 V_1 的集电极电流需经过大电阻 R_3 而很小,所以 V_1 在导通时,转向灯不亮。

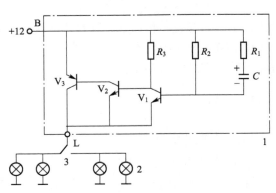

图 5.17 无触点式闪光器电路
1—闪光器;2—转向灯;3—转向灯开关

电源通过 V_1 对 C 充电,使 C 的电压逐渐增大,V_1 的基极电位则逐渐下降。当 V_1 基极电位降至其导通电压以下时,V_1 截止。V_1 截止后,V_2 通过 R_3 得到正向偏置电压而饱和导通,V_3 也随之饱和导通,转向灯变亮。

V_1 截止后,C 经 R_1、R_2 放电,使 V_1 的截止保持一段时间,转向灯也保持亮的状态。但随着 C 放电电流的逐渐减小,V_1 基极电位又开始升高,并最终又使 V_1 导通,V_2、V_3 截止,转向灯又变暗。如此循环,使转向灯闪烁。

电子闪光器具有闪光频率稳定、灯光亮暗分明、清晰,无发热元件,节约电能,工作可靠,使用寿命长等优点,已被广泛应用在汽车上。

5.3 电喇叭与倒车警告装置

汽车上所装用的喇叭多为电喇叭(图 5.18),主要用于警告行人和其他车辆,以引起注意,保证行车安全,其音量不超过 105dB(A)。

图 5.18 汽车喇叭

在中小型汽车上,由于安装位置的限制,多采用螺旋形和盆形电喇叭。盆形电喇叭具有体积小、质量轻、指向好、噪声小等优点,因此在汽车上普遍采用。

倒车警告装置由倒车蜂鸣器和倒车灯组成,其作用是当汽车倒车时,发出灯光和声音信号,警告车后行人和车辆。

5.3.1 电喇叭

1. 触点式电喇叭

1)触点式电喇叭的结构

触点式电喇叭结构如图 5.19 所示。电磁铁采用螺管式结构,铁心上绕有线圈,上、下铁心间的气隙在线圈中间,因此能产生较大的吸引力。它没有扬声筒,而是将上铁心、膜片和共鸣板固定在中心轴上。当电路接通时,线圈产生吸力,上铁心被吸下与下铁心碰撞,产生较低的基本频率,并激励与膜片一体的共鸣板产生共鸣,从而发出比基本频率强得多且分布又比较集中的谐音。

2)触点式电喇叭的工作原理

当按下喇叭按钮时,电流由蓄电池正极→线圈 2→触点 7→按钮 10→搭铁→蓄电池负极,构成回路。此时,电流通过线圈 2,铁心产生磁力,吸下触点臂使触点 7 打开,电喇叭电路关断。当电喇叭电路关断时,线圈 2 断电,磁力消失,释放触点臂,触点 7 在弹簧力的作用下闭合,喇叭交替打开闭合便发出声音。

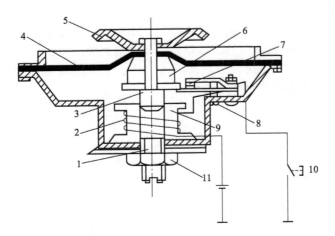

图 5.19 触点式电喇叭结构

1—下铁心；2—线圈；3—上铁心；4—膜片；5—共鸣板；6—衔铁；
7—触点；8—调整螺钉；9—铁心；10—按钮；11—锁紧螺母

3) 触点式电喇叭的调整

电喇叭音调的高低取决于其膜片的振动频率。盆形电喇叭通过改变上、下铁心之间的间隙来改变膜片的振动频率。需要调整音调时，松开锁紧螺母11，旋入下铁心时，上、下铁心之间的间隙减小，音调升高；旋出下铁心则使音调降低。调至合适的音调后，旋紧锁紧螺母即可。

电喇叭音量的大小取决于其膜片的振动幅度。触点式电喇叭的音量可以通过改变喇叭触点的接触压力来调整，盆形电喇叭用调整螺钉来调整触点的接触压力。调整螺钉旋出，触点接触压力增大，电喇叭音量增大；调整螺钉旋入，触点接触压力减小，电喇叭音量减小。

2. 无触点电喇叭

触点式电喇叭的触点在工作中会产生触点火花，容易造成触点烧蚀而影响其工作的可靠性。无触点电喇叭也称为电子式电喇叭，利用一个振荡电路来产生脉冲电流，使电喇叭发声。

典型的无触点式电喇叭电路如图 5.20 所示，由电子电路和扬声器组成。电子电路由振荡电路和功率放大电路两部分组成。晶体管 V_1、V_2 和电容 C_1、C_2 及电阻 $R_1 \sim R_8$ 组成多谐振荡电路，晶体管 V_3、V_4、V_5 组成功率放大电路。

电子式电喇叭工作原理：按下喇叭按钮2，电路通电，V_1、V_2 获得正向偏置电压，同时 C_1、C_2 充电。由于 V_1 和 V_2 的参数存在微小的差别，使 V_1 和 V_2 的导通程度不可能完全相同，这种微小的差别将由于正反馈作用被加强。假如 V_1 导通强些，集电极电位 U_{c1} 下降就要快一些，从而引起正反馈，使 V_1 迅速饱和，V_2 迅速截止，V_1 输出低电平，V_2 输出高电平。但这个状态是不能持久的，称为暂稳态。随着 C_1 反向充电的进行，V_2 基极电位 U_{b2} 上升，V_2 开始导通，引起正反馈，使 V_2 迅速饱和，V_1 迅速截止，电路进入 V_1 输出高电平、V_2 输出低电平的状态。

电喇叭工作，V_1、V_2 交替导通与截止。当 V_1 导通时，V_2 截止，V_3 也截止，V_4 和

V_5 导通，喇叭线圈中有电流通过，产生电磁力吸引喇叭振动膜片。当 V_1 截止时，V_2 导通，V_3 也导通，V_4 和 V_5 截止，喇叭线圈中无电流通过，膜片复位。

电路中，电容 C_3 对喇叭电源滤波，以防止其他电路瞬变电压的干扰。VS、R_1 为多谐振荡器的稳压电压电路，其作用是使振荡频率稳定。VD_1 用于温度补偿，VD_2 起电源反接保护作用。R_6 可用于调节喇叭的音量。

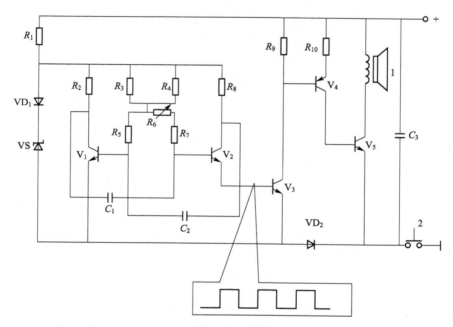

图 5.20 无触点(电子)电喇叭电路原理
1—电喇叭；2—喇叭按钮

3. 喇叭继电器

为了避免喇叭按钮因电流过大而烧坏，在喇叭电路中设置了继电器，如图 5.21 所示。当按下喇叭按钮时，电流由蓄电池正极→线圈 2→喇叭按钮 3→蓄电池负极，铁心产生电磁吸力，吸下触点臂 1，使触点 5 闭合，从而接通喇叭电路。喇叭电路的大电流不再经过按钮，保护了喇叭按钮。当松开喇叭按钮 3 时，线圈 2 电流中断，磁力消失，触点 5 在弹簧力的作用下张开，将喇叭电路断开，使喇叭停止发声。

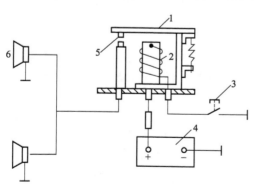

图 5.21 喇叭继电器
1—触点臂；2—线圈；3—喇叭按钮；
4—蓄电池；5—触点；6—电喇叭

5.3.2 倒车警告装置

1. 倒车报警电路

倒车报警电路如图 5.22 所示。倒车时，装在变速器上的倒车开关接通倒车灯电路，倒车灯亮，倒车蜂鸣器继电器同时工作，倒车蜂鸣器间歇发声，警告行人和其他车辆的驾驶人注意。

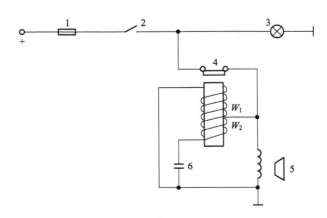

图 5.22 倒车报警电路
1—熔丝；2—开关；3—倒车灯；4—继电器触点；5—蜂鸣器；6—电容

当倒车开关 2 接通时，蓄电池电流将流过线圈 W_1，同时也通过线圈 W_2 对电容 6 进行充电，因流经两线圈的电流产生的磁力方向相反，相互抵消，使继电器触点保持闭合，则倒车蜂鸣器线圈通电；随着电容器端电压的上升，充电电流下降，W_2 的磁力减弱，合磁场加强，将继电器触点吸开，电容通过 W_2 和 W_1 放电，产生的磁场维持触点断开状态，此时蜂鸣器线圈断电。随着电容放电电流的减小，线圈磁场吸力渐消，继电器触点再次闭合，蜂鸣器线圈通电。如此循环，使蜂鸣器反复通电断电，带动膜片振动而发出声音，警示他人。

2. 倒车蜂鸣器

倒车蜂鸣器是一种间歇发声的音响装置。图 5.23 所示为解放 CA1091 型汽车装用的倒车蜂鸣器的电路，其发音部分是一只功率较小的电喇叭，控制电路是一个多谐振荡器。

晶体管 V_1、V_2 组成了无稳态电路，由于 V_1 和 V_2 之间采用电容器 C_2、C_3 耦合，所以 V_1 与 V_2 只有两个暂时的稳定状态，V_1 导通、V_2 截止，或 V_1 截止、V_2 导通，这两个状态周期地自动翻转。

V_3 在电路中起开关作用，它与 V_2 直接耦合，V_2 的发射极电流就是 V_3 的基极电流。当 V_2 导通时，V_3 基极有足够大的基极电流导通向小喇叭供电，产生声音。当 V_2 截止时，V_3

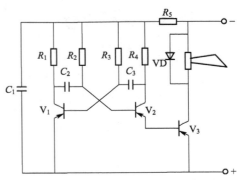

图 5.23 多谐振荡式倒车蜂鸣器

无基极电流也截止，小喇叭断电响声停止，如此周而复始，V_3 按照无稳态电路的翻转频率不断地导通、截止，从而使得倒车蜂鸣器发出"啼—啼—啼"的间歇鸣叫声。

5.4 汽车照明、信号电路与故障检修

5.4.1 照明系统的故障诊断

照明电路中各照明灯由复合型的灯光开关控制，灯光开关置于Ⅰ挡时接通示廓灯、尾灯、仪表照明灯等，置于Ⅱ挡时则同时接通前照灯。典型的汽车照明系统如图 5.24 所示。该照明电路中设置前照灯继电器是为了避免较大的前照灯电流直接通过灯光开关触点，以保护灯光开关。前照灯的远、近变光由机械式变光开关控制。推拉式的灯光开关在不拉出位置旋转按钮，可接通顶灯。

下面以图 5.24 所示的 CA1092 汽车照明系统电路为例，分析照明系统常见故障的可能原因，介绍故障诊断的基本方法。

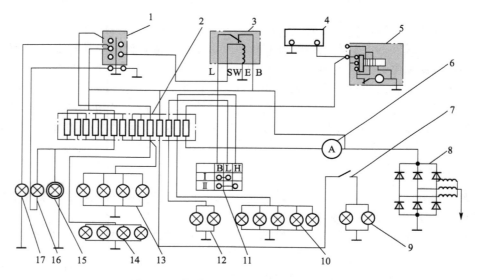

图 5.24　解放 CA1092 汽车照明系统电路

1—车灯开关；2—熔丝盒；3—前照灯继电器；4—蓄电池；5—起动机；6—电流表；
7—雾灯开关；8—发电机；9—雾灯；10—前照灯远光灯；11—前照灯变光开关；
12—前照灯近光灯；13—示廓灯；14—仪表照明灯；
15—工作灯插座；16—顶灯；17—工作灯

1. 前照灯远光、近光灯均不亮

车灯开关在Ⅰ挡位置时，示廓灯及仪表灯均亮。但将车灯开关置于Ⅱ挡位置时，前照灯不亮，操纵变光开关，前照灯仍不亮。

（1）故障原因。

① 车灯开关内部Ⅱ挡触点接触不良。

② 变光开关触点接触不良。

③ 前照灯继电器线圈有短路或断路、触点烧蚀、继电器搭铁不良等。

④ 前照灯线路有连接不良或远光灯及近光灯熔丝均烧断。
⑤ 所有前照灯灯泡已烧坏。
(2) 故障诊断方法。

① 打开熔丝盒,检查前照灯熔丝是否已烧断。如果熔丝已烧断,更换熔丝,并检查前照灯及连接线路有无搭铁故障;如果前照灯熔丝正常,则进行下一步诊断。

② 将车灯开关拉至Ⅱ挡,检测前照灯继电器 L 接线柱的对地电压。如果为蓄电池电压,则说明车灯开关、继电器、相关的连接线路均良好,故障在继电器 L 接线柱后的变光开关、前照灯及其连接线路,需按步骤④作进一步诊断;如果无电压,则进行下一步诊断。

③ 保持车灯开关在Ⅱ挡位置,检测前照灯继电器 SW 接线柱及 B 接线柱的对地电压。如果均有蓄电池电压,则说明前照灯继电器有故障,需拆修或更换前照灯继电器;如果只是 B 接线柱无电压,则检查 B 接线柱的连接导线;如果只是 SW 接线柱无电压,则说明车灯开关不良或车灯开关与前照灯继电器之间的线路有断路,需检查线路或更换车灯开关。

④ 车灯开关在Ⅱ挡时检测变光开关 3 个接线柱的对地电压。如果 B 接线柱无电压,则需检修变光开关至前照灯继电器之间的连接线路;如果 B 接线柱有蓄电池电压,而 L、H 接线柱均无电压,则需更换变光灯开关;如果 L、H 接线柱有蓄电池电压,则需检修远光灯和近光灯相关连接线路、检查或更换前照灯。

2. 前照灯只有远光或只有近光

接通前照灯开关时,只有远光灯或只有近光灯能亮。
(1) 故障原因。
① 变光开关至近光灯或远光灯的连接线路有断路。
② 近光灯或远光灯的熔丝烧断。
③ 变光开关连接近光灯或远光灯的触点接触不良。
④ 近光灯或远光灯灯丝已烧坏。
(2) 故障诊断方法。

① 检查近光灯熔丝或远光灯熔丝。如果熔丝烧断,则更换熔丝,并检查熔丝所连接线路有无短路;如果熔丝正常,则进行下一步诊断。

② 车灯开关在Ⅱ挡时,检测变光开关 L 或 H 接线柱的对地电压。如果变光开关在近光灯或远光灯位置时,L 或 H 接线柱无电压,则说明变光开关有故障,需要更换;如果变光开关在近光灯或远光灯位置时,L 或 H 接线柱有蓄电池电压,则需检修变光开关与前照灯之间的线路,若线路正常,则需更换近光灯或远光灯灯泡。

3. 示廓灯及仪表灯均不亮

汽车电源正常,但将车灯开关拉至Ⅰ挡时,示廓灯和仪表灯均不亮。
(1) 故障原因。
① 车灯开关内部接触不良。
② 相关连接线路有断路。
③ 示廓灯和仪表灯电路熔丝烧断。
(2) 故障诊断方法。
① 检查示廓灯和仪表灯的熔丝有无烧断。如果熔丝已被烧断,则更换熔丝,并检查

其连接线路有无短路；如果熔丝正常，则进行下一步诊断。

② 将车灯开关拉至Ⅰ挡，检测示廓灯和仪表灯熔丝的对地电压。如果有蓄电池电压，则检修熔丝至示廓灯和仪表灯的线路；如果无电压，需检查熔丝至车灯开关之间的线路，若线路正常，则需检查或更换车灯开关。

5.4.2　信号系统的故障诊断

典型的汽车信号电路如图 5.25 所示。该汽车信号电路设有喇叭继电器，因为该车型信号系统采用了双音喇叭，所以需要的电流较大，若直接由喇叭按钮控制，按钮触点容易烧蚀。

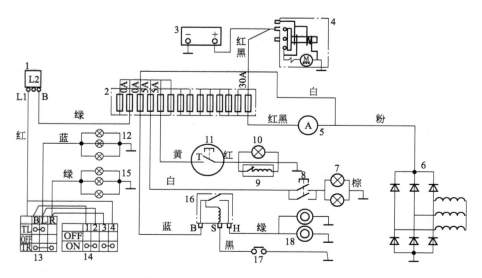

图 5.25　解放 CA1091 型汽车信号电路

1—闪光器；2—熔断器盒；3—蓄电池；4—起动机；5—电流表；6—发电机；7—制动灯；
8—制动灯开关；9—倒车蜂鸣器；10—倒车灯；11—倒车灯开关；
12—左转向灯及转向指示灯；13—转向灯开关；14—危险警告灯开关；
15—右转向灯及转向指示灯；16—喇叭继电器；17—喇叭按钮；18—电喇叭

危险警告灯开关 14 的 1、4 端子连接闪光器，2、3 端子分别连接左转向灯和右转向灯。当按下危险警告灯开关时，开关内部触点将 1、2 端子和 3、4 接通，使左右转向灯均闪光。

1. 喇叭不响

发动机能起动（电源正常），但按喇叭按钮时电喇叭不响。

(1) 故障原因。

① 电喇叭电路中的熔丝烧断，线路连接处有断脱。

② 喇叭按钮触点接触不良或搭铁不良。

③ 喇叭继电器触点接触不良、线圈烧坏。

④ 电喇叭内部触点接触不良或触点间短路、线圈烧坏、电喇叭搭铁不良。

(2) 故障诊断方法。

① 检查熔丝盒中连接电喇叭电路的 10A 熔丝是否烧断。如果熔丝已烧断，更换新的熔丝，并检查电喇叭电路有无搭铁故障；如果熔丝正常，则进行下一步故障诊断。

② 将喇叭继电器 16 的电源 B 接线柱与连接电喇叭的 H 接线柱搭铁，听电喇叭是否响。如果电喇叭不响，需检查继电器与熔丝盒、电喇叭之间的连接线路，若线路良好，则需拆修或更换电喇叭；如果电喇叭响，则进行下一步诊断。

③ 将喇叭继电器连接喇叭按钮的 S 接线柱直接搭铁，听电喇叭是否响。如果电喇叭不响，则需检修或更换喇叭继电器；如果电喇叭响，需检查继电器与喇叭按钮之间的连接线路，若线路良好，则需检修喇叭按钮。

2．电喇叭声音低哑

汽车电源正常，但电喇叭发出的声音低哑。

（1）故障原因。

① 电喇叭触点接触不良、线圈有局部短路、电喇叭膜片有破裂等。

② 喇叭继电器触点接触不良（烧蚀、接触压力过低）。

③ 电喇叭线路连接有松动接触不良之处。

④ 电喇叭安装松动而使其搭铁不良。

（2）故障诊断方法。将喇叭继电器的电源 B 接线柱与连接电喇叭的 H 接线柱直接短接，听电喇叭响声是否正常。如果仍不正常，需检查电喇叭线路连接及电喇叭的安装，若均正常，先将电喇叭触点的接触压力适当调大，响声仍不正常则需拆修或更换电喇叭；如果电喇叭响声正常，则需检修或更换喇叭继电器。

3．转向灯不亮

接通转向灯开关（左或右）时，所有转向灯均不亮。

（1）故障原因。

① 转向灯电路的 10A 熔丝烧断。

② 转向灯开关、闪光器、熔断器盒处线路连接不良或之间的线路有断路或搭铁。

③ 闪光器有故障。

④ 转向开关内部接触不良。

⑤ 所有转向灯均烧坏。

（2）故障诊断方法。

① 检查熔丝盒中连接转向灯电路的 10A 熔丝是否烧断。如果熔丝已烧断，更换新的熔丝，并检查转向灯电路有无搭铁故障；如果熔丝正常，则进行下一步故障诊断。

② 检测闪光器 1 电源接线端子 B 的对地电压。如果无电压，则需检修闪光器至熔断器之间、熔丝之前的电源线路；如果有蓄电池电压，则进行下一步诊断。

③ 将闪光器的接线端子 B 与转向灯开关 13 接线端子 L 直接相连，并接通转向开关，看转向灯是否亮。如果转向灯亮，则说明闪光器有断路故障，需拆修或更换；如果转向灯不亮，则进行下一步诊断。

④ 将转向灯开关的电源接线端子 B 分别于左、右转向灯接线端子 L、R 直接连接，看转向灯是否闪亮。如果闪亮，则说明转向开关有故障，需拆修或更换；如果不闪亮，则需检修转向开关至转向灯、闪光器之间的线路及转向灯。

4. 转向灯不闪亮

接通转向灯开关后,转向灯常亮不闪烁。

(1) 故障原因。

① 闪光器故障。

② 转向灯开关前的连接线路有短路之处。

(2) 故障诊断方法。断开闪光器的连接导线,测量两线端子的对地电压,正常应为0V。如果有蓄电池电压,则需检修线路;如果无蓄电池电压,则需更换闪光器。

5. 闪光频率不当

接通某侧转向灯开关时,转向灯的闪光频率明显过高或过低。

(1) 故障原因。

① 闪光器不良。

② 转向灯电路连接导线或转向灯接触不良。

③ 两侧的转向灯功率不一致或有灯泡烧坏。

(2) 故障检修方法。检查转向灯灯泡有无烧坏、两侧灯泡的功率是否相同。如果有灯泡烧坏、灯泡的功率不符或两边的灯泡不相同,则需更换灯泡;如果灯泡检查无问题,则需检查转向灯电路的线路连接,看是否有接触不良之处,若线路连接良好,则需更换闪光器。

习 题

1. 前照灯的主要组成部件有哪些?前照灯有哪些防眩目的措施?
2. 闪光器的作用是什么?有哪些类型,各自都是如何工作的?
3. 前照灯控制电路是如何工作的?
4. 触点式电喇叭是如何工作的?如何调整盆型电喇叭的音量和声调?
5. 电子式电喇叭是如何工作的?
6. 多谐振荡式倒车蜂鸣器式如何工作的?
7. 照明电路的常见故障有哪些?如何进行故障诊断?
8. 喇叭电路常见故障有哪些?如何进行故障诊断?
9. 转向信号系统常见的故障有哪些?如何进行故障诊断?

第 6 章 仪表及指示灯系统

本章学习目标

了解汽车仪表与指示灯系统的功能；
熟悉汽车仪表与指示灯系统部件的结构与工作原理；
掌握汽车仪表与指示灯系统电路分析方法；
了解常见指示灯的符号和基本功能。

本章教学要点

知识要点	能力要求	相关知识
汽车仪表系统	了解各种汽车仪表的基本功能，掌握各种仪表的结构、工作原理以及电路分析	充电表、机油压力表、冷却液温度表、燃油表、车速里程表、发动机转速表
汽车指示灯系统	了解各种常见汽车指示灯的符号和基本功能，掌握各种指示灯的结构、工作原理以及电路分析	机油压力指示灯、燃油量指示灯、冷却液温度指示灯的工作原理

汽车电器与电子设备

导入案例

2012年12月2日,张女士驾驶女儿的宝马车出去办事。因为是雨天,车行经一酒店的停车场附近时,前风窗玻璃起雾,视线突然变差。她想找车内的除雾键,可找了半天也没看懂哪个键是,于是顺手拿旁边的毛巾擦窗。她右手握转向盘,左手擦前风窗玻璃,结果一不小心撞上了停靠在路边的大货车,所幸人没受伤。

这件事提醒驾驶人应该牢记车内每个指示灯的意思,以保行车安全。

6.1 概 述

汽车仪表大多集中安装在驾驶室转向盘前方的仪表板上,相当于汽车使用性能的监控器,使驾驶人能随时了解汽车的行驶情况和发动机的工作状况,以便正确使用汽车,提高行车安全,及时发现和排除可能出现的故障。

汽车仪表板因车型的不同其外观也不同,但其基本构却大同小异,包括各种仪表和指示灯。仪表样式通常分为3类:一是传统指针类,如图6.1(a)所示,除时间表外,其他全部采用机械式结构,已基本退出市场;二是指针电子屏混搭,如图6.1(b)所示,传统指针嵌套电子屏幕;三是纯电子虚拟显示,传统的指示灯样式已经整合到屏幕系统,其图形以文字或动画效果等方式传达。常用的仪表有充电表、机油压力表、冷却液温度表、燃油表、车速里程表、发动机转速表等。

(a) 传统指针仪表

(b) 指针电子屏混搭

图6.1 仪表板的类别

(c) 纯电子虚拟显示

图 6.1　仪表板的类别(续)
1—指示灯；2—转速表；3—车速表；4—车辆信息

汽车指示灯的种类也越来越多，按颜色区分，可以分为 3 大类：第一类是红颜色的指示灯，称为故障灯，这类灯点亮后，不是发动机无法起动，就是起动后不能安全行驶，必须先排除故障后方可安全驾驶，属于最高级别的警报。第二类是黄颜色的指示灯，称为警示灯，这类灯点亮后，代表某个功能进入失效状态，提醒驾驶人车辆已经发生故障，但可以继续行驶至维修单位进行检查维修，起到提醒警告作用。第三类指示灯是蓝颜色或绿颜色的指示灯，称为行车灯，这类灯点亮代表某个功能已经开启，起到提醒指示的作用。

6.2　充电表及指示灯系统

充电表用来指示发电机与蓄电池之间的充放电状态，有电流表和电压表两种。以前的汽车多数是用电流表，由于电流表接线柱承受电流比较大，不太安全，所以现在的汽车大都使用充电指示灯或者电压表。

6.2.1　电流表

电流表用来指示蓄电池的充、放电值，串联在蓄电池与发电机之间的线路上。汽车上常用电流表按结构可分为电磁式和动磁式两种，它们的工作原理基本相同，其中电磁式电流表使用居多。

电磁式电流表的组成和工作原理如图 6.2 所示。U 形黄铜板条固定在绝缘底板上，两端的接线柱分别与蓄电池、发电机及用电设备连接。条形永久磁铁固定在黄铜板条下端，带指针的软钢转子装在其内侧。

当没有电流通过电流表时，由于软钢转子和永久磁铁的磁场方向相反，软钢转子被永久磁铁磁化二相互吸引，使指针保持在中间位置，示值为"0"。

当蓄电池放电时，如图 6.2(b)所示，放电电流流经黄铜板产生磁场，其方向垂直于永久磁铁磁场，合成磁场使软钢转子带着指针逆时针方向偏转一个角度，指针指向"—"侧。放电电流越大，合成磁场越强，转子偏转角度越大。

汽车电器与电子设备

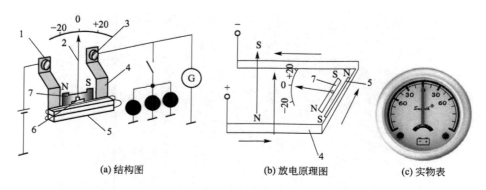

图 6.2　电磁式电流表的组成和工作原理
1、3—接线柱；2—指针；4—黄铜板条；5—永久磁铁；6—转轴；7—软钢转子

当发电机向蓄电池充电时，流经电流表的电流方向与放电时相反，合成磁场偏转方向相反，指针指向"+"侧。

由于电流表接线柱承受的电流比较大，不太安全，所以现在大多数汽车使用充电指示灯或者电压表。充电指示灯的接地端是由调节器控制的，当发动机未运转时，充电灯接地线路联通，充电灯发亮；当发动机运转时，充电灯接地线路被断开，充电灯熄灭；如果充电灯仍然亮，说明充电系统有故障。

6.2.2　电压表

电压表用来指示发电机或蓄电池的端电压，通常与负荷并联连接。电压表按结构不同分为电磁式和电热式两种。

（1）电磁式电压表。电磁式电压表的结构如图 6.3 所示，由两个十字交叉布置的电磁线圈、永久磁铁、转子、指针及刻度盘等组成。

电路中的两个线圈与稳压管及限流电阻串联。稳压管的作用是在电源电压达到一定数值后，才将电压表电路接通。在电压表未接入电路或电源电压低于稳压管击穿电压时，永久磁铁将转子磁化，保持电压表指针在初始位置。当电源电压达到稳压管击穿电压时，两个十字交叉线圈产生的磁场与永久磁铁产生的磁场相互作用，使转子带动指针偏向高电压方向。电源电压越高，磁场强度越强，指针偏转角度越大。

（2）电热式电压表。电热式电压表的结构如图 6.4 所示。当电热丝两端加有电压时，电流经过电热丝发热，双金属片受热变形，带动指针旋转，电热丝两端的电压越高，指针指示的读数越大。

6.2.3　充电指示灯

充电指示灯用 来显示。一般只在开启钥匙门时亮起，表示车辆此时是由蓄电池供电的，而发动机起动后，供电工作交给了发电机，并同时为蓄电池充电，则蓄电池充电指示灯熄灭。如果在车辆行驶中或发动机运转时充电指示灯亮起，表示车辆的发电机有故障或蓄电池本身有问题。此时首先应尽可能地关闭车上的非必须用电器，然后开去维修服务站进行检修。

不同车型的充电指示灯的控制方式及电路也不同。图 6.5 所示为日本丰田汽车充电指示灯控制电路，由充电指示继电器进行控制。

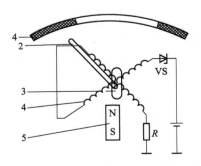

图 6.3　电磁式电压表
1—刻度板；2—指针；3—转子；4—交叉电磁线圈；
5—永久磁铁

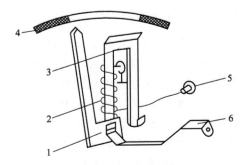

图 6.4　电热式电压表
1—指针；2—电热丝；3—双金属片；
4—刻度板；5—接线柱；6—支架

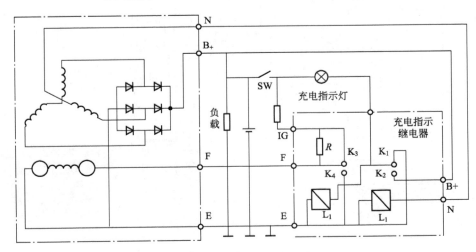

图 6.5　日本丰田汽车充电指示灯控制电路

刚接通点火开关 SW 时，电流从蓄电池正极→充电指示灯→充电指示继电器的常闭触点 K_1→搭铁→蓄电池负极，形成回路。因此充电指示灯发亮。同时，蓄电池电流还经熔断器→电压调节器的常闭触点 K_3 向交流发电机磁场绕组励磁。

当交流发电机输出电压随转速升高达到充电电压时，在中性点电压作用下，充电指示继电器的常闭触点 K_1 被线圈 L_1 产生的电磁吸力吸开，使触点 K_2 闭合，充电指示灯因被短路而熄灭，这表明交流发电机工作正常。

6.3　机油压力表及指示灯

机油压力表用来指示在发动机运转过程中，发动机润滑系统主油道压力的大小，单位是 kPa。由于机油压力有一定的压力范围，为了清晰明了，目前有许多汽车的机油压力表用指示灯表示,如果发动机运转时它仍然亮着,就表示发动机润滑系统可能不正常。

6.3.1 机油压力表

机油压力表由仪表板上的油压指示表和装在发动机主油道的机油压力传感器两部分组成。油压指示表有电热式、电磁式和弹簧式3种。机油压力传感器有电热式和可变电阻式两种。其中指示表和传感器都采用电热式的最常见。

指示表和传感器都采用电热式的机油压力表如图6.6所示。机油压力传感器内部装有膜片2,其下腔与发动机润滑主油道相通,机油压力直接作用到膜片上,其上方压着弹簧片3,弹簧片一端与外壳固定并搭铁,另一端焊有触点,双金属片4上绕着加热线圈,线圈的一端焊在双金属片的触点上,另一端焊在接触片上。

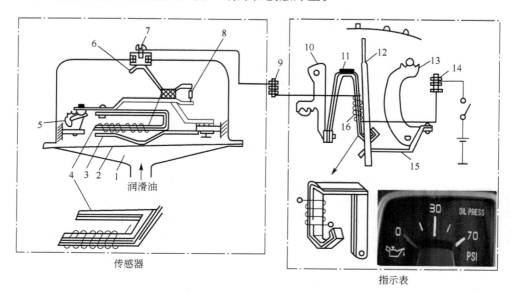

图 6.6　电热式机油压力表

1—油腔；2—膜片；3—弹簧片；4、11—双金属片；5—调节齿轮；6—接触片；7、9、14—接线柱；
8—校正电阻；10、13—调节齿扇；12—指针；15—弹簧片；16—加热线圈

油压指示表内装有双金属片11,其上绕有加热线圈16,线圈两端分别与机油压力表接线柱14和机油压力传感器接线柱9相接,机油压力表接线柱经点火开关与电源相接。双金属片的一端弯成钩形,扣在指针上。

当点火开关闭合时,电流回路为:蓄电池正极→点火开关→机油压力表接线柱→机油压力表内双金属片的加热线圈→机油压力表接线柱→机油压力传感器接线柱→接触片→机油压力传感器内双金属片上的加热线圈→触点→弹簧片→搭铁,回到蓄电池负极。

电流通过压力表内双金属片的加热线圈时生热使双金属片变形,带动指针偏转。

若机油压力很低,则传感器膜片变形很小,作用在触点上的压力也很小,通电时,温度略有上升,传感器双金属片稍有变形,使触点分开,切断电路；冷却后触点又接通电路,循环工作。因触点压力小,分开时长,接触时短,平均电流小,压力表内双金属片变形小,指针偏转量小,指示低油压。

当机油压力升高时，传感器膜片变形增大，作用在触点上的压力也增大，传感器内双金属片被压向上弯曲，需要通电时间长双金属片变形量大才能使触点分开，切断电路；稍一冷却触点又接通电路，循环工作。因此，机油压力升高时，触点分开时短，接触时长，平均电流大，压力表内双金属片变形大，指针偏转量大，指示高油压。

6.3.2 机油压力指示灯

机油压力指示灯用 表示。当接通点火开关后，机油压力指示灯在仪表板上会显示点亮。当发动机起动后此灯应当熄灭，否则就表示发动机润滑系统出现异常或机油压力过低。

图6.7所示为膜片式机油压力指示灯，当接通点火开关，发动机未起动时，机油压力开关处于接通状态，指示灯亮；当发动机起动后，主油道压力升高，开关触点断开，指示灯熄灭，润滑系统正常工作。若运行过程中出现油道堵塞、泄漏等情况，使得机油压力低于30kPa，则机油压力开关接通，指示灯亮。

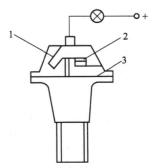

图6.7 膜片式机油压力指示灯
1—弹簧片；2—触点；3—薄膜

6.4 冷却液温度表及指示灯

冷却液温度表用来指示发动机冷却液的温度。冷却液温度也有用指示灯辅助提醒的，指示灯亮表示冷却液温度偏高。

6.4.1 冷却液温度表

冷却液温度表由安装在仪表板上的温度指示表和安装在发动机气缸盖水套上的温度传感器组成。温度指示表有电热式和电磁式两种。温度传感器有电热式和热敏电阻式等不同形式。

1. 冷却液温度表配电热式温度指示表和电热式温度传感器

温度指示表和温度传感器均为电热式的冷却液温度表如图6.8所示。该表除刻度板示值与电热式机油压力表不同外，其他结构都基本相同。

双金属片2上绕有加热线圈，加热线圈一端通过触点1后搭铁，一端经接线柱与指针相连。冷却液温度传感器的传热套筒置于发动机冷却液中，当发动机冷却液温度升高时，冷却液的热量通过传热套传入传感器内部，使双金属片2受热向上弯曲，触点的压力减小，传感器加热线圈通电较短时间就可使触点断开，而双金属片的冷却则很慢，使触点的闭合时间相对较短，电路中电流脉宽较小，平均电流较小，温度指示表双金属片7变形较小，指针偏转角度小，温度指示值增大。反之，当发动机冷却液温度降低时，触点的闭合时间相对较长，电路中电流脉宽较大，平均电流较大，温度指示表双金属片7变形较大，指针偏转角度大，温度指示值减小。

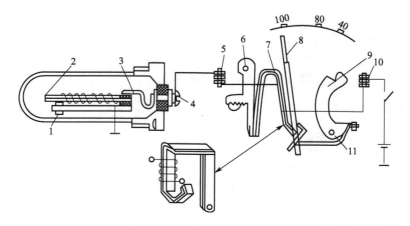

图 6.8　温度指示表和温度传感器均为电热式的冷却液温度表
1—固定触点；2、7—双金属片；3—接触片；4、5、10—接线柱；
6、9—调节齿轮；8—指针；11—弹簧片

2. 冷却液温度表配电热式温度指示表和热敏电阻式温度传感器

电热式温度指示表和热敏电阻式温度传感器组成的冷却液温度表如图 6.9 所示。热敏电阻有负温度系数与正温度系数两种，现代汽车多采用负温度系数热敏电阻。负温度系数热敏电阻的基本特性是温度上升，电阻值减小，反之增大。

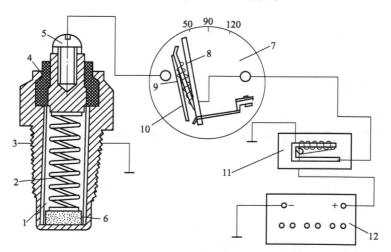

图 6.9　冷却液温度表配电热式温度指示表和热敏电阻式温度传感器
1—冷却液温度传感器；2—弹簧；3—固定螺口；4—绝缘层；5—接线柱；
6—热敏电阻；7—冷却液温度表；8—指针；9—加热线圈；
10—双金属片；11—电热式稳压器；12—蓄电池

当接通点火开关时，冷却液温度表通路，其电流从蓄电池正极→电热式稳压器→冷却液温度表接线柱→冷却液温度表双金属片上的加热线圈→冷却液温度表接线柱→热敏电阻接线柱→弹簧→热敏电阻→热敏电阻外壳搭铁到蓄电池负极。

当冷却液温度高时,热敏电阻阻值较小,流经冷却液温度表加热线圈的电流较大,发热大,使双金属片变形大,指针偏转大,指示值高。反之,当冷却液温度低时,热敏电阻阻值较大,流经冷却液温度表加热线圈的电流较小,发热小,使双金属片变形小,指针偏转小,指示值低。

6.4.2 冷却液温度指示灯

冷却液温度指示灯用 表示,用于发动机过热报警,由仪表板上的指示灯和温度传感器组成。图 6.10 所示为冷却液温度指示灯工作原理,冷却液温度处于正常时,双金属片不弯曲或弯曲很小,触点处于断开状态,指示灯不亮。当发动机温度达到或超过设定高限时,双金属片受热弯曲使触点闭合,电路接通,指示灯亮。

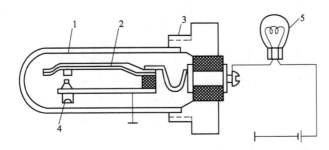

图 6.10 冷却液温度指示灯工作
1—传感器套;2—双金属片;3—螺纹接头;4—静触点;5—指示灯

6.5 燃油表及指示灯

燃油表用来指示油箱内储蓄油量的多少。指针指向"F",表示满油,指向"E",表示无油;也有用 1/1、1/2、0 分别表示满油、半箱油和无油。燃油储量也有用指示灯作为辅助提醒的,指示灯亮表示燃油已接近低点。

6.5.1 燃油表

燃油表由装在仪表板上的燃油指示表和装在燃油箱内的传感器组成。燃油指示表有电磁式和电热式,传感器均采用滑片电阻式。

1. 电热式燃油表

电热式燃油表的组成和工作原理如图 6.11 所示。燃油表传感器为浮子驱动的滑片电阻,燃油表与冷却液温度表及

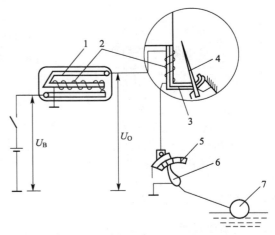

图 6.11 电热式燃油表的组成和工作原理
1—稳压电源;2—加热线圈;3—双金属片;
4—指针;5—可变电阻;6—滑片;7—浮子

其指示灯共用一个稳压电源，仪表工作电压为 9.5~10.5V。

当油箱中油量为零时，浮子下降到最低位置，可变电阻滑片处于最右端，电路中电阻最大，电路中电流最小，指示表加热线圈发热最小，双金属片变形小，带动指针指在"0"位。

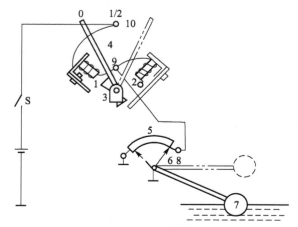

图 6.12　电磁式燃油表的组成和工作原理

1—左线圈；2—右线圈；3—转子；4—指针；5—可变电阻；
6—滑片；7—浮子；8、9、10—接线柱

当油箱内油量增加时，浮子上升，滑片向左移动，串入电路中的电阻减小，电流增大，加热线圈发热量大，双金属片变形大，带动指针向右偏转。

当油箱充满时，滑片移至最左端，可变电阻短路，电路中电流最大，指针偏到最右端"1"处。

2．电磁式燃油表

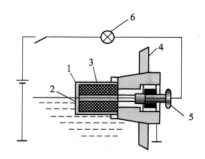

图 6.13　燃油指示灯

1—外壳；2—金属网丝；
3—热敏电阻；4—油箱外壳；
5—接线柱；6—指示灯

电磁式燃油表的组成和工作原理如图 6.12 所示，其传感器由可变电阻 5、滑片 6 和浮子 7 组成。

当油箱中无油时，浮子下降到最低位置，滑片移至最左端，可变电阻短路，指示表中右线圈也被短路，无电流通过，而左线圈承受电源的全部电压，通过的电流最大，产生的磁力最强，使指针指在"0"位。

当油箱内油量增加时，浮子上升，滑片向右移动，可变电阻部分被接入，并与右线圈并联，又与左线圈串联，使通过左线圈的电流减小，产生的磁力减小，右线圈有电流通过，也产生磁场，指针在两磁场的作用下，向右偏转。

当油箱充满时，浮子带动滑片处于最右端，电阻全部接入，此时左线圈的电流最小，右线圈的电流最大，指针偏到最右端"1"处。

6.5.2　燃油指示灯

燃油指示灯用 表示，用于提醒驾驶人油箱内燃油已快要耗尽，应及时添加燃油。

它由仪表板上的指示灯和液面传感器组成，工作原理如图 6.13 所示。

当油箱里的燃油高于设定值时，热敏电阻浸没在燃油中，散热较快，电阻值大，电路中电流小，指示灯熄灭。当油箱里的燃油降到设定低限值时，热敏电阻露出油面，散热较慢，电阻值减小，电路中电流增大，指示灯亮，以示报警。

6.6 车速里程表

车速里程表用来指示汽车行驶速度和累计行驶总里程，由车速表和里程表两部分组成。传统的车速里程表是机械式的，随着电子技术的发展，现在很多轿车已经使用电子车速里程表。

6.6.1 机械式车速里程表

机械式车速里程表如图 6.14 所示。其中车速表由与主动轴紧固在一起的永久磁铁 1、装有指针的铝碗 2 和固定在外壳上的刻度盘等组成。当汽车停止时，铝碗在盘形弹簧的作用下保持在初始位置，车速表指示为"0"。当汽车行驶时，主动轴带动永久磁铁转动，铝碗在永久磁铁旋转磁场的作用下产生涡流，涡流产生的磁场使铝碗产生转矩，使铝碗克服盘形弹簧的弹力转动。车速提高，永久磁铁旋转加速，铝碗上产生的涡流增大，作用于铝碗上的转矩增大，铝碗偏转角度大，带动指针指示的车速示值增大；反之，当车速降低时，作用于铝碗上的转矩减小，铝碗偏转角度小，车速示值减小。

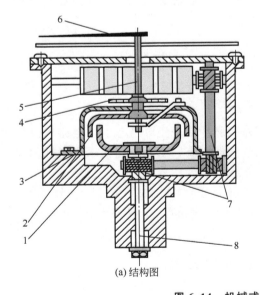

(a) 结构图　　　　　　　　　　(b) 实物图

图 6.14　机械式车速里程表

1—永久磁铁；2—铝碗；3—铁罩；4—盘形弹簧；5—针轴；6—指针；
7—蜗轮蜗杆；8—驱动轴

里程表由 3 对蜗轮蜗杆机构和 6 位数字的十进位数字轮组成。汽车行驶时，由软轴驱动的主动轴经 3 对蜗轮、蜗杆驱动里程表最右边的第 1 数字轮，当汽车行驶 1km 时，第一数字轮正好转一周。每两个相邻的数字轮的齿轮传动比为1∶10，即当第1数字轮转动一周，相邻的左面的第2数字轮转1/10周，成十进位递增，从右往左单位依次为1/10km，1km，10km……，以此类推累计出行驶里程数，最大读数为99999.9km。

6.6.2 电子式车速里程表

电子式车速里程表由车速传感器、电子电路、车速指示表和里程指示表组成。

图6.15(a)所示为奥迪100型轿车的车速传感器，由一个舌簧开关和一个有4对磁极的转子组成。当转子转动时，永久磁铁的磁场发生变化，舌簧开关的触点交替断开和闭合，电路中不断产生电压脉冲信号。转子每转一周，舌簧开关的触点交替开闭8次，产生8个脉冲信号输入电子电路。

奥迪100型轿车车速里程表的电子电路如图6.15(b)所示，主要包括稳压电路、单稳态触发电路、恒流源驱动电路、64分频电路和功率放大电路等。其作用是将反映车速的脉冲信号进行整形、分频及放大等处理后，驱动车速表和里程表。

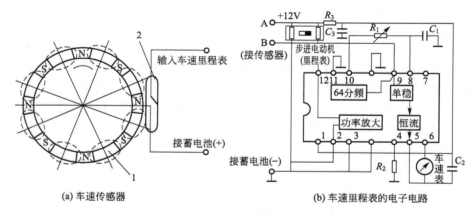

图6.15　奥迪100型轿车电子车速表
1—转子；2—舌簧开关

车速指示表是一个电磁式电流表。传感器的脉冲信号经单稳态触发电路和恒流源驱动电路的处理后，输出平均电流与车速成正比的脉动电流，驱动车速指示表指针偏摆，指示相应的车速。

里程指示表由数字轮和步进电动机组成。车速传感器输出的信号，经64分频后，再经功率放大器放大到足够的功率，驱动步进电动机，带动数字轮转动，从而记录行驶里程。

6.7　发动机转速表

转速表一般设置在仪表板内，与车速里程表对称地放置在一起。转速表单位是1/min×1000，即显示发动机每分钟转多少千转。能够直观地显示发动机在各个工况下的转速，驾驶人可以随时知道发动机的运转情况，配合变速器挡位和节气门（油门）位置，使之保持最佳的工作状态，对减少油耗，延长发动机寿命有利。

转速表按其结构不同分为机械式和电子式两种。现在轿车一般都采用电子式转速表，有指针式和液晶数字显示式。液晶数字显示式的表内有数字集成电路，将点火线圈输送过来的电压脉冲经过计算后驱动指针移动或数字显示。另外还有一种转速表是从发电机取出脉冲信号送到转速表电路解释后显示转速值，不过因受发电机传动带打滑等因素影响，数值不太精确。

图 6.16 所示为从点火系统获取转速信号的电子转速表电路。当触点闭合时，晶体管 VT 无偏压而处于截止状态，电容 C_2 被充电。充电电路为：蓄电池正极→R_3→C_2→VD_2→蓄电池负极，构成回路。

当触点分开时，晶体管的基极得正电位而导通，此时 C_2 便通过导通的晶体管 VT、电流表和 VD_1 构成放电回路，从而驱动电流表。

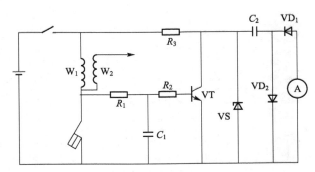

图 6.16 电子转速表电路

当发动机工作时，分电器触点不断开闭，其开闭次数与发动机转速成正比。所以当触点不断开闭时，对电容 C_2 不断进行充放电，其放电电流平均值与发动机转速成正比，于是将电流表刻度值经过标定刻成发动机转速即可。稳压管 VS 起稳压作用，使 C_2 再次充电电压不变，以提高测量精度。

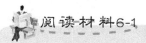

阅读材料6-1

常见报警指示灯符号及说明

常见报警指示灯符号及说明见表 6-1。

表 6-1 常见报警指示灯符号及说明

符号	说明
![]	驻车指示灯：驻车制动手柄（俗称手刹）拉起时，此灯点亮。驻车制动手柄被放下时，该指示灯自动熄灭。在有的车型上，制动液不足时此灯会亮。
![]	充电指示灯：显示蓄电池工作状态的指示灯。接通电路后亮起，发动机起动后熄灭。如果不亮或长亮应立即检查发电机及电路。
![]	制动盘指示灯：显示制动盘片磨损情况的指示灯。正常情况下此灯熄灭，点亮时提示车主应及时更换故障制动片或磨损过度的制动片，修复后熄灭。
![]	机油指示灯：显示发动机机油压力的指示灯，灯亮起时表示润滑系统失去压力，可能有渗漏，此时需立即停车关闭发动机进行检查。
![]	冷却液温度指示灯：指示发动机冷却液温度过高的指示灯，此灯点亮报警时，应立即停车并关闭发动机，待冷却至正常温度后再继续行驶。
![]	安全气囊指示灯：显示安全气囊工作状态的指示灯，接通点火开关后点亮，3~4s 后熄灭，表示系统正常，不亮或常亮表示系统存在故障。
![]	ABS 指示灯：接通点火开关后点亮，3~4s 后熄灭，表示系统正常。不亮或长亮则表示系统出现故障，此时可继续低速行驶，但应避免急制动。

(续)

图标	说明
 ⛽	燃油指示灯：指示燃油不足的指示灯，该灯亮起时，表示燃油即将耗尽，一般从该灯亮起到燃油耗尽之前，车辆还能行驶50km左右。
 CHECK	发动机自检灯：显示发动机工作状态的指示灯，接通点火开关后点亮，3~4s后熄灭，说明发动机工作正常。不亮或长亮表示发动机出现故障，需及时进行检修。
 🚪	车门状态指示灯：显示车门是否完全关闭的指示灯，车门打开或未能关闭时，相应的指示灯亮起，提示车主车门未关好，车门关闭后熄灭。
 🚿	清洗液指示灯：显示风窗玻璃清洗液存量的指示灯，如果清洗液即将耗尽，该灯点亮，提示车主及时添加清洗液。添加清洁液后，指示灯熄灭。
 EPC	电子油门指示灯：多见于大众公司的车型中，车辆开始自检时，该灯会点亮数秒，随后熄灭，出现故障，本灯亮起，应及时进行检修。
 雾灯	前后雾灯指示灯：该指示灯是用来显示前、后雾灯的工作状况，前、后雾灯接通时，两灯点亮，图中左侧的是前雾灯显示，右侧为后雾灯显示。
 ⇆	转向指示灯：转向灯亮时，相应的转向指示灯按一定频率闪烁。按下双闪警示灯按键时，两灯同时亮起，转向灯熄灭后，转向指示灯自动熄灭。
 远光	远光指示灯：显示前照灯是否处于远光状态，通常情况下，该指示灯为熄灭状态。在远光灯接通和使用远光灯瞬间点亮功能时亮起。
 安全带	安全带指示灯：显示安全带状态的指示灯，按照车型不同，灯会亮起数秒进行提示，或者直到系好安全带才熄灭，有的车还会有声音提示。
 O/D OFF	O/D位指示灯：O/D位指示灯用来显示自动挡的O/D位（Over-Drive，超速挡）的工作状态，O/D位指示灯闪亮，说明O/D位已锁止。
 内循环	内循环指示灯：该指示灯是用来显示车辆空调系统的工作状态，平时为熄灭状态。当打开内循环按钮、车辆关闭外循环时，该指示灯自动点亮。
 示宽	示宽指示灯：示宽指示灯是用来显示车辆示宽灯的工作状态，平时为熄灭状态，当示宽灯打开时，该指示灯随即点亮。
 VSC	VSC指示灯：该指示灯是用来显示车辆VSC系统（电子车身稳定控制系统）的工作状态，多出现在日系车上。当该指示灯点亮时，说明VSC系统已被关闭。
 TCS	TCS指示灯：该指示灯是用来显示车辆TCS（牵引力控制系统）的工作状态，多出现在日系车上。当该指示灯点亮时，说明TCS已被关闭。

习　　题

一、填空题

1. 充电表包括_____和_____两种。
2. 汽车上常用电流表按结构可分为_____和_____两种。
3. 机油压力表由_____和_____两部分组成。
4. 常用的冷却液温度传感器有_____和_____两种形式。

5. 燃油指示表有_____和_____两种形式。

二、名词解释

1. 电流表
2. 电压表
3. 机油压力表
4. 冷却液温度表
5. 燃油表

三、思考题

1. 简述电磁式电流表的工作原理。
2. 机油压力表的作用是什么？简述电热式机油压力表的工作原理。
3. 简述配电热式指示表和热敏电阻式温度传感器的冷却液温度表的工作原理。
4. 简述电磁式燃油表的工作原理。
5. 简述机械式车速里程表的工作原理。
6. 简述充电指示灯的作用和工作原理。

第 7 章

汽车辅助装置

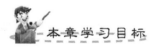本章学习目标

熟悉电动刮水器的基本结构，掌握电动刮水器的工作原理；
了解风窗玻璃洗涤器的基本结构；
了解风窗玻璃除霜装置的工作原理；
了解电动车窗的结构和工作原理；
了解电动座椅的结构和工作原理；
了解电动门锁的结构和工作原理；
了解电动后视镜的结构和工作原理。

本章教学要点

知识要点	能力要求	相关知识
风窗玻璃清洗装置	掌握电动刮水器的基本结构，掌握电动刮水器的工作原理及电路分析；了解风窗玻璃洗涤器和除霜装置的基本结构和工作原理	电动刮水器 风窗玻璃洗涤器 风窗玻璃除霜装置
电动辅助装置	了解电动车窗、电动座椅、电动门锁、电动后视镜的基本结构、工作原理和基本电路图	电动车窗 电动座椅 电动门锁 电动后视镜

汽车辅助装置 第7章

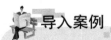
导入案例

2014年的某一天,一名男子站在车外,脖子却卡在了车窗与A柱间,虽然路人上前帮忙,却无济于事。事情的起因是当天下午该男子在路边下车后,发现按了锁车键后,车窗却没有自动关闭,于是又返回去操作。为图方便,他便将头伸进了开着的驾驶室车窗里操作,但是没想车窗此时突然上升,卡住了他的上半身。他尝试按住汽车的起动按钮,再按车窗键,但车窗还是没有反应,无奈之下他只好试着往下按压车窗,但依然无果。路人帮忙进车操作,但尝试起动汽车后,对车窗依然无法进行操作。最后求助消防人员,该名男子才脱离危险。

据分析,出现故障的原因是驾驶人在汽车通电状态下连续按压车窗,从而导致出现故障。因为他了解驱动电动机起动的先后顺序,不知驾驶人位的车门车窗是最后被驱动的,才会伸头进去导致事故的发生。

汽车辅助装置用于辅助并弥补主电器的工作及不足,提高汽车的安全性、舒适性及实用性。随着电子技术的不断进步和在汽车上的广泛运用,现代汽车上的辅助电器越来越多、越来越先进。目前广泛应用的有风窗清洁装置、电动车窗、电动座椅、电动门锁、电动后视镜等。

7.1 风窗玻璃清洗装置

风窗玻璃清洗装置是用来清除风窗玻璃外表面的雨水、霜雪和尘埃物质,提高驾驶人的能见度,从而提高驾驶安全性。汽车上的风窗玻璃清洗装置主要有刮水器、洗涤器和除霜装置。

7.1.1 电动刮水器

电动刮水器可以实现刮水器手动、间歇、高速和低速刮水。如图7.1(a)所示,当刮水器开关打向MIST时表示手动开,即向上按一下,刮水器就刷一次;打向INT时表示间歇自动开;打向LO时表示低速自动,HI表示高速自动开。

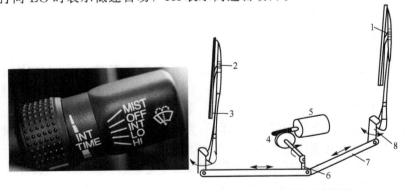

(a) 刮水器操作手柄　　　　　　(b) 电动刮水器结构图

图 7.1　电动刮水器

1—刮水片架;2—刮水片;3—刮水臂;4—蜗轮蜗杆减速机构;
5—电动机;6—摇臂;7—拉杆;8—摆杆

129

1. 电动刮水器的基本结构

电动刮水器由刮水片、电动机和传动机构总成三大部分组成,如图7.1(b)所示。电动机5旋转经蜗轮蜗杆减速机构4和连动机构的作用变成刮水臂3的摆动,刮水片摆动刮水。刮水器除了具备驱动刮水臂摆动这一基本功能外,还应该具有变速、自动复位及间歇摆动功能。

2. 电动刮水器的工作原理

(1) 电动刮水器的变速和自动复位控制。刮水器的变速原理是利用直流电动机的变速原理实现的。刮水器电动机主要有励磁式和永磁式两种,永磁式电动机具有体积小、质量轻、结构简单等优点,因此目前在国内外汽车上广泛应用。刮水器永磁式电动机的工作原理如图7.2所示。

如图7.2(c)所示,B_1为低速运转电刷,B_2为高速运转电刷,B_3为公共电刷。当电动机工作时,在电枢内同时产生反电动势,其方向与电枢电流方向相反。如果要使电枢旋转,外加电压U必须克服反电动势的作用,当电枢转速上升时,反电动势也相应上升,只有在外加电压与反电动势相等时,电枢的转速才能趋于稳定。

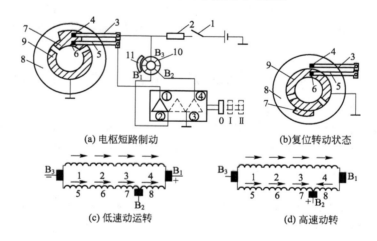

图7.2 刮水器永磁式电动机的工作原理

1—电源开关;2—熔断器;3、5—触点臂;4、6—触点;7、9—铜环;8—蜗轮;
10—电枢;11—永久磁铁;B_3—共用搭铁电刷;B_2—高速电刷;B_1—低速电刷

低速挡:当电源总开关1接通,刮水器开关置于Ⅰ挡(低速)时,电流从蓄电池正极→开关1→熔断器2→电刷B_3→电枢绕组→电刷B_1→接线柱②→接触片→接线柱③→搭铁,形成回路。由于电源电压加在B_1和B_3之间,由于线圈1、2、3、4和线圈5、6、7、8组成两条并联支路,支路中串联的线圈(导体)均为有效线圈,串联线圈数相对较多,故反电动势较大,电流较小,电动机以较低转速运转。

高速挡:当电源总开关1接通,刮水器开关置于Ⅱ挡(高速)时,电流从蓄电池正极→开关1→熔断器2→电刷B_3→电枢绕组→电刷B_2→接线柱②→接触片→接线柱③→搭铁,形成回路。由于电源电压U加在B_2和B_3之间,由于线圈8和线圈1、2、3、4产生方向相反的电动势,互相抵消,故组成两条并联支路中串联线圈数相对较少,反电动势较小,电路中电流较大,电动机以较高转速运转。

自动复位：当刮水器开关置于 0 挡（自动复位）时，如果刮水片没有停在规定的位置，由于触点 6 与铜环 9 接触，则电流继续流入电枢。电流由蓄电池正极→电源总开关→熔断器 2→电刷 B_1→电枢绕组→电刷 B_3→刮水器开关接线柱②→刮水器开关接线柱①→触点臂 5→触点 6→铜环 9→蓄电池负极，构成回路，电动机以低速运转，如图 7.2(b)所示，直到蜗轮 8 转到图 7.2(a)所示的位置时，触点 6 通过铜环 7 与触点 4 连通，将电动机电枢绕组短路。与此同时，电动机因惯性不能立即停转，以发电机方式运转，产生反电动势，从而产生制动力矩，电动机迅速停转，使刮水片停在指定位置。

（2）刮水器的间歇控制。现在汽车刮水器一般都有间歇控制功能。在遇到毛毛细雨、雾天或小雪天气行驶时，起动间歇开关，使刮水器按一定周期自动停止和刮拭，即每刮一次停止 3～6s，这样形成的水膜可以很快干掉，可使驾驶人获得良好的视野。

间歇刮水功能主要依靠间隙控制电路实现，现以互换间隙控制电路进行分析，如图 7.3 所示。

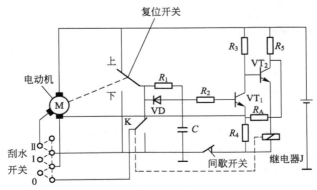

图 7.3 间歇刮水控制电路图

当刮水器开关在 0 挡（断开），间歇开关接触时，电源向电容器 C 充电，充电电流从蓄电池正极经自停触点上触点→电阻 R_1→电容 C→搭铁。随着充电时间的增加，电容两边的电压逐渐升高，当电压上升到一定值时，VT_1 导通，VT_2 随之导通，继电器 J 线圈通电，J 的常闭触点打开，常开触点闭合，刮水器电动机通电工作。

当复位开关的常开触点（下）接通时，电容 C 通过二极管 VD、自动复位开关和继电器常开触点迅速放电，此时刮水器电动机的通电回路不变，电动机继续运转。随着放电时间的增加，晶体管 VT_1 的基极的电位逐渐降低。当晶体管的基极电位降低到一定值时，VT_1、VT_2 由导通变为截止，继电器线圈的电路被切断，继电器复位，常开触点打开，常闭触点闭合。此时，由于自动复位开关的常开触点是闭合状态，电动机仍然转动。只有当刮水器回到原位，自动复位开关的常开触点打开，常闭触点闭合时，电动机方能停止运转。继而电源再次向电容器 C 充电，重复以上过程。刮水片每次间歇时间长短取决于电容器 C 的充电时间，改变 R_1 和 C 的参数值即可改变刮水器的间歇时间。

7.1.2 风窗玻璃洗涤器

风窗玻璃洗涤器用于清洁前、后风窗玻璃上的尘土和污物。风窗玻璃洗涤器与刮水器配合进行洗涤工作。如图 7.4 所示，风窗玻璃洗涤器由洗涤液泵、储液罐、洗涤液喷嘴、三通接头、连接软管等组成。洗涤液泵由直流电动机和离心式叶片泵组成，喷射压力为 70～88kPa。洗涤液喷嘴安装在风窗玻璃下面，其喷射方向可以调整。

7.1.3 风窗玻璃除霜装置

在天气比较冷时，风窗玻璃容易结霜，轻微时影响驾驶人视线，重度时影响汽车行驶，所以在寒冷地区汽车必须装风窗玻璃除霜装置。通常采用加热的方法进行除霜。前风窗玻璃和侧窗玻璃一般采用暖风加热方法除霜，后窗玻璃通常采用电热丝加热的方法除霜。图7.5所示为后风窗玻璃除霜装置电路。

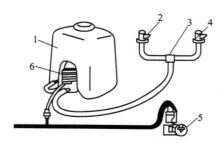

图7.4 风窗玻璃洗涤器
1—储液罐；2、4—洗涤液喷嘴；3—三通接头；
5—刮水器控制盒；6—洗涤液泵

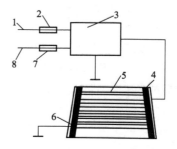

图7.5 电热式后风窗玻璃除霜装置电路
1—接蓄电池；2、7—熔断器；3—开关及继电器；
4—接线柱；5—电热丝栅；6—搭铁接线柱；
8—接点火开关

需要除霜时，接通除霜开关，继电器的磁化线圈搭铁，继电器触点闭合，风窗玻璃及后视镜上的电热丝通电发热，使霜受热蒸发。其中的时间控制电路使继电器保持通电10～20min，然后断电，使除霜器自动停止工作。若在除霜器自动停止工作后还需继续除霜，可再次接通除霜开关。

阅读材料

汽车空调除雾

在天气较冷和夏天开冷气时，由于车内外温差较大，风窗玻璃容易起雾，会影响驾驶者的视线，从而形成一些不安全因素，同时也会影响乘客的视线。下面介绍几种不同温度下的除雾方法，见表7-1。

表7-1 汽车空调除雾方法

外界温度/℃	可能结雾的地方	除雾方法				
		空气循环	风速	温度	吹风位置	空调状态
<8	风窗玻璃内侧	引入外气	高或稍高	高温	吹玻璃	关
8～16	风窗玻璃内侧	内气循环（少许外气）	高或稍高	中高温	吹玻璃	开
16～25	风窗玻璃内侧	内气循环（少许外气）	中或稍高	中低温	吹乘客	开
>25	风窗玻璃外侧	内气循环（>30℃可全部引入外气）	中或稍高	中低温	吹乘客	开

7.2 电动辅助装置

7.2.1 电动车窗

目前，轿车普遍装有电动车窗。驾驶人坐在驾驶座上，即可利用控制开关使全部车窗玻璃自动升降，操作简便，且有利于行车安全。

1. 电动车窗的结构

电动车窗主要由车窗玻璃、车窗玻璃升降器、电动机和控制开关等组成。

车窗升降电动机为电动车窗升降提供动力，采用双向转动的电动机，有永磁型和双绕组型两种。两种电动机都是通过改变电流方向来改变转向以实现车窗的升或降。由于永磁型电动机结构简单，应用较为广泛。

常用的车窗升降器有齿扇式和齿条式两种类型。齿扇式车窗升降器如图7.6(a)所示，车窗电动机带动棘轮，棘轮带动齿扇转动，通过推杆带着车窗上下进行升降。

齿条式升降器采用柔性齿条和小齿轮，如图7.6(b)所示。当电动机转动时，通过蜗轮蜗杆减速机构将动力传给小齿轮，小齿轮又使齿条移动，齿条通过拉绳带动车窗进行升降。

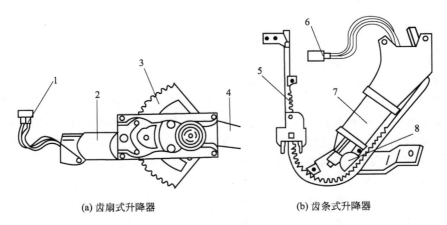

(a) 齿扇式升降器　　(b) 齿条式升降器

图7.6　电动车窗升降器

1、6—电缆接头；2、7—电动机；3—齿扇；4—推杆；5—齿条；8—小齿轮

2. 电动车窗的控制电路

电动门窗有两套控制开关，如图7.7所示。一套主开关，位于驾驶人侧的车门上，方便驾驶人的控制；另一套为分开关，分布在对应的门窗上，方便乘员的使用。为了防止儿童乱操作伤害自己，主开关上还设置了其余3个开关的窗锁开关，该开关锁止后除驾驶人侧的开关之外的升降开关失效；该开关闭合后，乘员车窗的指示灯点亮，所有车窗都进入工作状态。

(1) 乘员侧车窗升降(以前排右侧为例)。

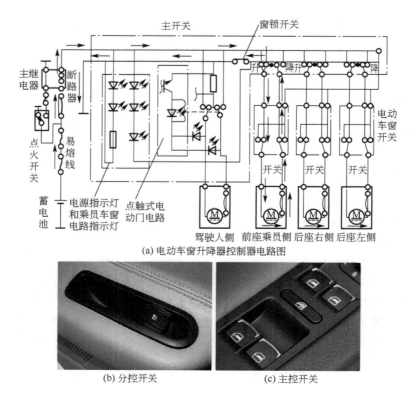

(a) 电动车窗升降器控制器电路图

(b) 分控开关　　　　(c) 主控开关

图 7.7　电动车窗

① 驾驶人操纵。当驾驶人按下主开关相应的前排乘员车窗上升开关时，其电流由蓄电池的正极→易熔线→断路器→主继电器→主开关→前乘员开关左触点→电动机→断路器→前乘员开关右触点→窗锁开关→搭铁→蓄电池的负极，构成闭合回路。该电路中的电动机通电而工作，使车窗上升。当需要车窗下降时，驾驶人按下主开关上的下降开关，因电动机是永磁双向电动机，其电动机的电流方向相反，电动机通电而反转使车窗下降。

② 乘员操纵。乘员接通前乘员车窗上升开关时，其电流由蓄电池的正极→易熔线→断路器→前乘员开关左触点→电动机→断路器→前乘员开关右触点→窗锁开关→搭铁→蓄电池的负极，构成闭合电路。该电路中的电动机通电而工作，使车窗上升。当需要车窗下降时，乘员按下开关上的下降开关，其电动机的电流方向相反，电动机通电而反转使车窗下降。当窗锁开关打开时，乘员无法操纵。

（2）驾驶人侧的车窗升降。若主开关上的窗锁开关断开，则只有驾驶人侧车窗具备工作条件。另外，驾驶人侧的车窗开关由点触式电路控制。车窗在下降过程中，如果要使其停止在某一位置，只要再点触一下开关即可。当驾驶人侧的车窗需要下降时，可按下主开关上的下降按钮，其工作电路为：电流由蓄电池的正极→易熔线→断路器→电动机→断路器→驾驶人侧开关右触点→蓄电池的负极，构成闭合电路。与此同时，触点式开关的电路也同时接通，下降指示灯点亮，继电器线圈通电而产生吸力，保持开关处于下降工作状态直至下降到极限位置。在下降过程中，如果要使车窗停在某一位置，驾驶人可再点触一下开关，则继电器线圈断路，车窗下降停止。

7.2.2 电动座椅

车辆座椅的主要功能是为驾驶人及乘员提供便于操作、舒适而又安全的驾驶及乘坐位置，通过调节还可以改变坐姿，减少长时间乘车的疲劳。

1. 电动座椅的组成

电动座椅主要由电动机、传动装置和控制装置组成。

(1) 电动机。电动机为电动座椅调节机构提供动力，一般采用永磁式双向直流电动机，通过控制开关来改变流经电动机内部的电流方向，实现转动方向的改变。电动座椅有两向、四向、六向、八向可调。两向可调实现前后调整，有1个电动机；四向可调实现前垂直、前后调整，有2个电动机；六向可调实现前后垂直、前后调整，有3个电动机；八向可调实现前后垂直、前后、靠背倾斜，有4个电动机如图7.8所示。

(2) 调节机构。调节机构用于将电动机的动力传给座椅调节机构，并使其完成调整，有高度调整机构和纵向调整机构。

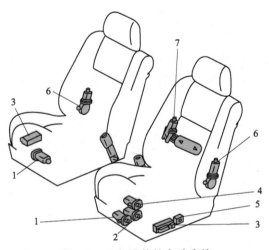

图 7.8 八向调整的电动座椅
1—滑动电动机；2—前垂直电动机；
3—电动座位开关；4—后垂直开关；
5—腰垫开关；6—倾斜电动机；
7—腰垫电动机

高度调整机构由蜗杆轴、蜗轮和心轴等组成，如图7.9所示。调整时蜗杆轴在电动机的驱动下带动蜗轮转动，从而保证心轴旋进或旋出，实现座椅上升与下降。

纵向调整机构由蜗杆、蜗轮、齿条、导轨等组成，如图7.10所示。齿条装在导轨上，调整时，电动机转矩经蜗杆传至两侧的蜗轮4上，经导轨上的齿条，带动座椅前后移动。

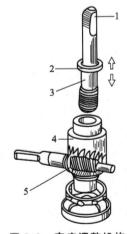

图 7.9 高度调整机构
1—铣平面；2—止推垫片；3—心轴；
4—蜗轮；5—挠性驱动蜗杆轴

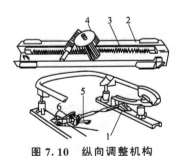

图 7.10 纵向调整机构
1—支撑及导向元件；2—导轨；3—齿条；
4—蜗轮；5—反馈信号电位器；6—调整电动机

（3）控制装置。普通电动座椅只有简单的控制电路和手动调节开关；自动控制座椅有存储和复位开关、位置传感器、ECU 等。自动控制座椅 ECU 主要用来控制靠手动调节开关的座椅调节装置，也能根据从转向柱倾斜与伸缩 ECU、位置传感器等送来的信号存储座椅位置。

2. 电动座椅的控制电路

（1）普通电动座椅控制电路。广州本田雅阁轿车驾驶人席电动座椅八向可调，其控制电路图如图 7.11 所示。它主要由蓄电池、组合控制开关和 4 个电动机等组成。驾驶人或乘员通过调节控制开关上的按钮实现座椅的前上前下、后上后下、前后、靠背倾斜八向调整。

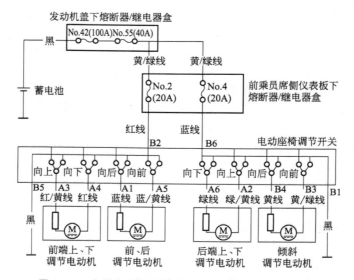

图 7.11　广州本田雅阁轿车驾驶人席电动座椅电路图

通过电动座椅调节开关，即可完成不同的调节功能，如电动座椅前端上、下调节，其电路如下。

① 向上调节。当将电动座椅前端上、下调节开关打到"向上"位置时，电路中的电流为：蓄电池正极→黑线→（发动机盖下熔断器/继电器盒）No.42(100A)、No.55(40A)→黄/绿线（前乘客席侧仪表板下熔断器/继电器盒）No.2(20A)→红线→电动座椅开关端子 B2→前端上、下调节开关端子 A3→红/黄线→前端上、下调节电动机端子 1→前端上、下调节电动机→前端上、下调节电动机端子 2→红线→前端上、下调节开关端子 A4→B5→黑线→搭铁→蓄电池负极。前端上、下调节电动机工作，座椅前端向上移动。

② 向下调节。当将电动座椅前端上、下调节开关打到"向下"位置时，电路中的电流为：蓄电池正极→黑线→（发动机盖下熔断器/继电器盒）No.42(100A)、No.55(40A)→黄/绿线（前乘客席侧仪表板下熔断器/继电器盒）No.2(20A)→红线→电动座椅开关端子 B2→前端上、下调节开关端子 A4→红线→前端上、下调节电动机端子 2→前端上、下调节电动机→前端上、下调节电动机端子 1→红/黄线→前端上、下调节开关端子 A3→B5→黑线→搭铁→蓄电池负极。前端上、下调节电动机工作，座椅前端向下移动。

（2）带加热系统电动座椅控制电路。图 7.12 所示为北京现代索纳塔轿车电动座椅加热电路图。该电路可以对驾驶人座椅和前乘客侧座椅同时进行加热，也可以分别加热。其中，座椅加热线圈和靠背加热线圈串联连接。

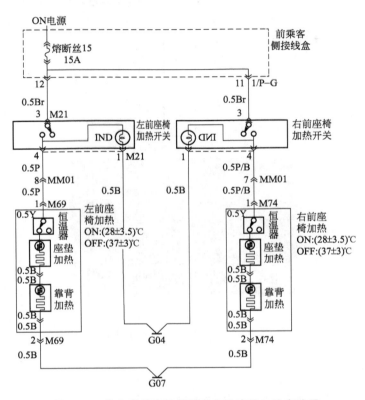

图 7.12　北京现代索纳塔轿车电动座椅加热电路图

电动座椅加热工作过程如下：

① 若只对驾驶人座椅进行加热，则只关闭左前座椅加热开关。电路为：电源→熔断丝 15→端子 12→端子 M21→左前座椅加热开关→端子 4→恒温器开关→座椅加热丝→靠背加热丝→搭铁。此时，只对驾驶人的座椅进行加热，同时驾驶人座椅加热指示灯（IND）点亮。单独对前乘客侧座椅加热的电路分析相同。

② 若要对两个座椅同时加热，则两座椅的加热开关同时接通，此时，两座椅的座椅加热丝和靠背加热丝串联以后再并联，两指示灯同时点亮，电路分析不再赘述。

（3）自动控制电动座椅控制电路。自动控制电动座椅如图 7.13 所示，驾驶人调整座椅时，首先由手动调节开关通过电控单元控制调整量，然后利用存储和复位开关控制某一位置的数据存储；座椅位置信号取自电位器上的电压降。根据每个自由度上的电动机驱动座椅，从而使电位器随动。根据电位器的电压降，控制单元识别座椅的运动机构是否到达"死点"，如果到达"死点"位置，电控单元将及时切断供电电源，以保护电动机和座椅驱动机构。当座椅位置调好后，按下储存和复位开关，电控装置就把各位置传感器的信号储存起来，以备下次恢复座椅位置时再用。当下次使用时，只要一按位置储存和复位开关，座椅 ECU 便驱动座椅电动机，将座椅调整到原来位置。

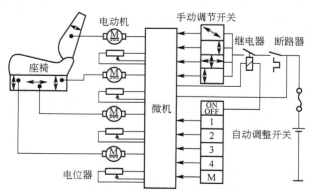

(a) 带记忆功能的电动座椅控制原理

(b) 控制开关

图 7.13　带记忆功能的电动座椅

7.2.3　电动门锁

电动门锁可使驾驶人通过按钮或钥匙控制所有车门的锁定和打开，使驾驶人操作方便，提高安全性。

1. 电动门锁的组成及工作原理

电动门锁主要由门锁执行器、操纵机构、继电器及控制电路等组成。电动门锁控制电路如图 7.14 所示。其工作原理如下：

(1) 锁止车门。当驾驶人按下车门锁扣或用钥匙锁门时，锁止开关闭合，晶体管 VT_1 有正向偏压而导通，VT_2 随之导通，锁门继电器线圈 L_1 通电，其触点 K_1 被吸到 ON 位置。此时电磁线圈的电流通路为：蓄电池正极→控制电路①端子→锁门继电器 K_1 常开触点(ON)→控制电路②端子→电磁线圈→控制电路③端子→开门继电器 K_2 常闭触点(OFF)→控制电路④端子→搭铁→蓄电池负极。由于电磁线圈正向通电，电磁吸力拉下车门锁扣杠杆，锁定车门。

(2) 打开车门。当驾驶人拉起车门锁扣或用钥匙开门时，开启开关闭合，开锁继电器线圈 L_2 通电，其触点 K_2 被吸到 ON 位置。此时电磁线圈的电流通路为：蓄电池正极→控制电路①端子→锁门继电器 K_2 常开触点(ON)→控制电路③端子→电磁线圈→控制电路②端子→锁门继电器 K_1 常闭触点(OFF)→控制电路④端子→搭铁→蓄电池负极。由于电磁线圈反向通电，电磁吸力拉起车门锁扣杠杆，车门锁被打开。

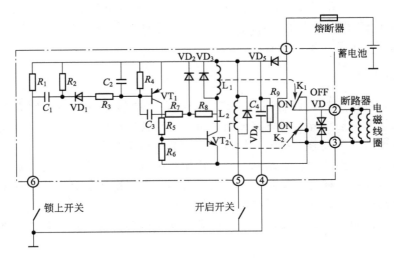

图 7.14 电动门锁控制电路

2. 遥控门锁

现在，在国外大约有 1/3 的车已经将遥控门锁作为标准配置。遥控门锁即在电动门锁的基础上增加遥控装置（遥控器），取代传统的车钥匙，并在车内安装接收模块，以实现上锁、开锁的远距离控制和行车自动锁门控制。遥控门锁不使用钥匙就能操纵门锁，避免了在黑暗处寻找锁眼，远距离操控缩短了驾驶人在车外的时间，尤其是在雨雪天气时尤为重要；此外，行车自动锁门控制减少了由于行车时忘记锁门带来的事故。

图 7.15 所示的典型遥控门锁电路包括遥控 ECU、门锁 ECU、上锁和开锁开关、门锁执行器（电动机）及门锁状态指示器。

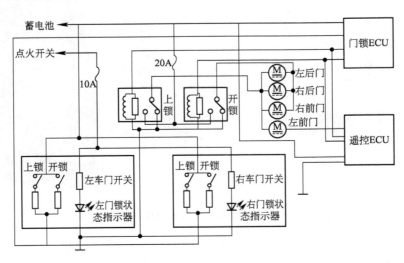

图 7.15 遥控门锁电路图

遥控门锁电路中，遥控器是实现遥控动作的核心器件。遥控器是手持式无线电发射器，遥控操作时，遥控器将上锁和开锁等信号以微弱电波（法规规定的频率小于 322MHz、电场强度小于 500μV/dB、发射距离在 3m 以内无需作业许可的电波)形式发送到汽车门锁电控单元的遥控接收模块(遥控 ECU),车内接收模块识别发射代码并驱动门锁执行器。行李箱上锁和开锁也可用遥控器实现。

7.2.4 电动后视镜

后视镜的主要作用是确保行车或倒车安全,内后视镜还可以防止后方车辆引起的眩目,后视镜加热器与后窗除霜器电路接通,可实现后视镜的除霜。电动后视镜可使驾驶人坐在车内通过调节开关调整后视镜,使后视镜调节变得十分方便。

电动后视镜由调整开关、电动机、传动机构等组成。电动后视镜的背后装有两套电动机和驱动器,可操纵后视镜上下及左右转动。有的电动后视镜还具有伸缩功能,由伸缩开关控制伸缩电动机工作,使整个后视镜回转伸出或缩回。

电动后视镜采用组合式开关操纵,丰田皇冠轿车电动后视镜控制系统电路图如图 7.16 所示。

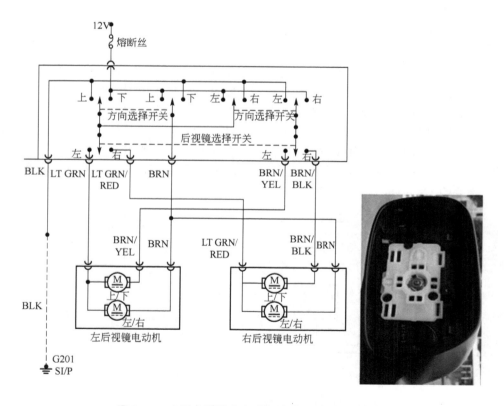

图 7.16 丰田皇冠轿车电动后视镜控制系统电路图

组合开关由后视镜选择开关和方向选择开关组成。当驾驶人通过后视镜选择开关选择了要调整的后视镜后,就可通过后视镜转动控制开关调整被选后视镜。左、右开关用来调整后视镜的左右视角,上、下开关则用来改变后视镜的上下视角。

习 题

一、填空题

1. 电动刮水器由_____、_____和_____三大部分组成。
2. 前风窗玻璃和侧窗玻璃一般采用_____加热方法除霜，后窗玻璃通常采用_____加热的方法除霜。
3. 电动座椅六向可调实现_____、_____、_____调整，有_____个电动机控制。

二、思考题

1. 举例说明电动刮水器的调速和自动复位原理。
2. 电动刮水器间歇摆动有什么作用，是怎样实现的？
3. 举例说明电动车窗的工作原理。
4. 举例说明电动座椅的工作原理。
5. 举例说明电动门窗的工作原理。
6. 举例说明电动后视镜的调镜工作原理。

第 8 章
汽车电气设备线路

 本章学习目标

掌握汽车电气设备线路的特点；
掌握开关、保险装置、继电器的种类和作用；
了解不同电系导线的截面积和导线的颜色及代号；
了解插接器的种类；
掌握整车电路的组成，汽车电路的分类；
掌握汽车电路图的分析。

 本章教学要点

知识要点	能力要求	相关知识
汽车电气设备线路的特点	掌握汽车电气设备线路的特点	汽车电气设备线路的特点
常用汽车线路电气元件	掌握常用汽车线路电气元件的种类； 掌握开关、保险装置、继电器的种类和作用； 了解不同电系导线的截面积和导线的颜色及代号； 了解插接器的种类	开关 保险装置 继电器导线 线束 插接器
汽车电路图	掌握整车电路的组成，汽车电路的分类； 掌握汽车电路图的分析	汽车整车电路的组成 汽车电路图的分类 汽车电路图的分析

第8章 汽车电气设备线路

导入案例

故障现象：某轿车右前车窗玻璃无法上升。

故障原因：LIN 线故障；线路虚接问题；防夹模块内部故障；右前车窗开关问题；左前车窗主开关故障。

故障排除：用右前车窗开关控制时车窗玻璃能下降但有时不能上升，而用左前车窗主开关控制时升降正常，故排除 LIN 线和左前车窗主开关故障的可能。从其他车辆上对调右前车窗开关测试，故障依旧。把右前车窗升降线路芯板拆下，拔下升降器防夹模块插头用万用笔进行测试。万用表笔一端接地，另一端接模块插头上升信号线端，多次向下按动右前车窗开关，万用表均显示 9.26V 左右信号电压。证明线路和右前车窗开关没有问题，推断故障在右前门窗防夹模块。但更换右前车窗防夹模块后，故障依然。继续检查发现玻璃下降时模块内继电器有工作的响声，但上升时偶尔没有响声。那就有两种可能，一是模块没有接收到信号；二是模块接收到信号后没有执行。此车所有用为新模块存在问题的可能性很小，而目前测得的信号没有问题，推断问题出在插头和模块接触方面。于是一人控制右前车窗上升，另一人摆动插头，当向右侧摆动插头时故障消失，而向左摆动时故障再现，确定为插接件接触问题。线束插头外观正常，但用挑针拨动上升信号线端子时，发现端子有溃缩的情况，重新调整插头端子，故障排除。

维修总结：经了解，此车在其他维修站维修过车窗升降系统，推断应该是在拔插模块插头时操作不当使端子变形溃缩。当遇到车辆某个系统偶尔不能工作时，应尽力排除线路虚接问题，一般偶发性的比较难判断，所以需要逐步动线来缩小查找范围。

汽车电路由电源系统、起动系统、点火系统、照明与信号系统、仪表系统及辅助电气等组成。随着汽车结构和性能的不断改进和提高，汽车上采用的电器和电子设备的种类及数量越来越多，新技术含量高，线路更加复杂，掌握比较困难。但近年来，一种无线束单线控制系统开始研究使用，这种技术的应用使汽车线路变得容易看懂。

8.1 汽车电气设备线路的特点

汽车线路由车载电源和各种用电设备组成，由于其特殊的工作环境，汽车线路有其自身的特点。

1. 汽车线路为单线制

所谓单线制，即用电设备只用一根导线与电源正极相连，利用发动机、车身及车架等金属体作为公共回路，与电源负极相连。单线制设计电路具有节约铜线、减轻质量、便于安装、线路简单及易于诊断故障等优点，在各种类型车辆中广泛应用。

2. 汽车线路为直流并联电路

汽车线路采用直流电是因为需要用蓄电池作为发动机电力起动的电源，蓄电池电能消耗后也必须用直流电充电。

汽车的两个电源（蓄电池和发电机）及所有的用电设备之间都是正极与正极、负极与负极相连,从而形成并联回路。将电路并联起来,能发挥蓄电池和发电机两电源的优势,使任何一个用电设备的启用、停止都非常方便。并联电路能保证每个电器的正常工作不相互干扰,当电路出现故障时,一般局部的短路、断路等不会引起整车的故障。

3. 负极搭铁

蓄电池、发电机及用电设备的一极直接与发动机、车身及车架等金属相连,称为"搭铁"。若蓄电池的负极与车体连接,则称为负极搭铁;若蓄电池的正极与车体连接,则称为正极搭铁。

多数汽车线路采用负极搭铁,以减轻对车架及车身金属的化学腐蚀和对无线电的干扰。但仍有少量车采用正极搭铁。

8.2 常用汽车线路电气元件

8.2.1 开关

1. 电源开关

电源开关用于通断蓄电池与外电路的连接,以防止汽车停驶过程中蓄电池经外电路漏电。电源开关主要有闸刀式和电磁式两种。闸刀式电源开关直接由手动切断或接通电源,电磁式电源开关则是通过电磁吸力控制触点的吸合或断开而实现的。

2. 点火开关

点火开关是一个多挡开关,需用相应的钥匙才能对其进行操纵。点火开关通常用于控制点火电路、仪表电路、发电机励磁电路、起动电路及一些辅助电器电路等。

3. 组合开关

组合开关由两种及两种以上的开关,如转向灯开关、警报灯开关、灯光开关、前照灯变光开关、刮水器开关、洗涤开关等集装在一起,使操纵更加方便。

8.2.2 保险装置

汽车电路中都设有保护装置,当线路因负荷超载、短路故障而电流过大时,保护装置自动断开电源电路,以防止线路或用电设备烧坏。常用的保护装置有熔断器、易熔线和断路器等。

1. 熔断器

熔断器的保护元件是熔丝,串联在其所保护的电路中。当通过熔丝的电流超过其规定值时,熔丝发热熔断,从而保护了线路盒用电设备不被烧坏。

熔断器的熔丝固定在可插式塑料片上或封装在玻璃管中。通常将熔断器集中安装在一个盒中,称为熔断器盒,如图8.1所示。各熔断器都编号排列,有的还在熔断器上涂以不同的颜色,以便于检修时识别。

2. 易熔线

易熔线比熔丝粗一些,被保护的线路其工作电流往往较大,通常连接在电源线路和通

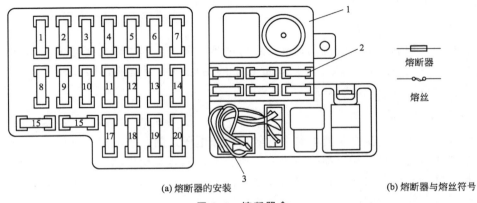

(a) 熔断器的安装　　　　　　　　　(b) 熔断器与熔丝符号

图 8.1　熔断器盒
1—熔断器盒；2—熔断器；3—易熔线

过电流较大的线路上。通常被接在蓄电池正极端附近，或集中安装在中央接线盒内，不能绑扎于线束内，也不得被其他物件所包裹。易熔线的不同规格通常以不同的颜色来区分。

3. 断路器

断路器起保护作用的主要元件是双金属片和触点，有自恢复式和按压恢复式两种。

（1）自恢复式断路器。如图 8.2 所示，当被保护线路中的电流超过规定值时，双金属片受热弯曲而使触点张开而切断电路。电路断电后，双金属片因无电流通过而逐渐冷却伸直，触点又重新闭合，接通电路。如果线路电流过大的原因未及时排除，自恢复式断路器就会使电路时而接通，时而切断，以限制通过线路的电流，起到线路过载保护的作用。

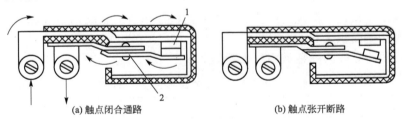

(a) 触点闭合通路　　　　　　　　(b) 触点张开断路

图 8.2　自恢复式断路器
1—触点；2—双金属片

（2）按压恢复式断路器。当被保护线路中的电流超过规定值时，双金属片受热向上弯曲，使双金属片两端的触点张开而切断电路。向上弯曲的双金属片冷却后不能自行恢复原形，若要重新接通电路，必须按下按钮才能使双金属片复位。

这种断路器的限定电流是可调的，需要调整时，松开紧固螺母，旋动调整螺钉，改变双金属片的挠度即可。

8.2.3　继电器

继电器如图 8.3 所示，由电磁线圈和带复位弹簧的触点组成，利用通电线圈产生的电磁力来改变触点的原始状态进

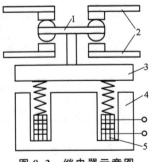

图 8.3　继电器示意图
1—动触点；2—静触点；
3—衔铁；4—铁心；5—线圈

行工作。车用继电器主要起保护开关和自动控制作用。

1. 保护控制开关

控制开关只控制继电器线圈的通断,由继电器线圈产生的电磁力来通断控制开关要控制的电路。加继电器后,控制开关只流过较小的继电器线圈电流,因而开关就不容易损坏,使用寿命得以延长。

2. 实现自动控制

一些继电器线圈电流由车辆电路中的特定工作电压控制,当电路中的受控电压达到设定的继电器动作电压时,继电器触点改变工作状态,从而实现自动控制。如起动机驱动保护继电器就可在发动机起动后,发电机发电,由发电机的中点电压使继电器触点打开,自动断开起动机电磁开关的电路。

8.2.4 导线

导线是电器线路连接的基础元件,汽车均采用铜线。

1. 导线截面积

导线的截面积根据所接用电设备的电流值确定。为保证导线有足够的机械强度,规定截面积最小不能小于 $0.5mm^2$。各种低压导线标称截面积所允许的载流值见表 8-1。

表 8-1 各种低压导线标称截面积允许的载流量/A

铜芯导线截面积/mm^2	1.0	1.5	2.5	3.0	4.0	6.0	10	13
导线允许的载流量/A	11	14	20	22	25	35	50	60

导线标称截面积是根据规定换算方法得到的截面积值,它既不是线芯的几何面积,也不是各股铜线几何面积之和。

车辆主要线路导线的标称截面积推荐值见表 8-2。

表 8-2 12V 电系主要电路导线截面积推荐值

标称截面积/mm^2	适用的电路
0.5	尾灯、顶灯、仪表灯、指示灯、牌照灯、燃油表等
0.8	转向灯、制动灯、停车灯、点火线圈初级绕组等
1.0	前照灯、电喇叭等(3A 以下)
1.5	前照灯、电喇叭等(3A 以上)
1.5~4.0	其他 5A 以上电路
4.0~6.0	柴油车电热塞电路
6.0~25	电源电路
16~95	起动电路

2. 导线的颜色

为了便于识别和维修,电线束中的低压电线都采用了不同颜色。电线的各种颜色均用字母表示,其代号规定见表 8-3;低压电线主色的规定见表 8-4。

表8-3 低压电线的颜色和代号规定

颜色	黑	白	红	绿	黄	棕	蓝	灰	紫	橙
代号	B	W	R	G	Y	Br	Bl	Gr	V	O

表8-4 电路中各系统低压电线主色的规定

系统名称	主色代号	系统名称	主色代号
电器装置搭铁线	B	仪表及报警指示和喇叭系统	Br
点火起动系统	W	前照灯、雾灯等外部照明系统	Bl
电源系统	R	各种辅助电动机及电器操纵系统	Gr
灯光信号系统	G	收音机、点烟器等辅助装置系统	V
防雾灯及车身内部照明系统	Y		

8.2.5 线束

线束是由同路的导线包扎而成的，可使线路不凌乱，便于安装，而且起到了保护导线的作用。一辆车可以有多个线束，图8.4所示为东风EQ1090型汽车全车电器系统的线束图。

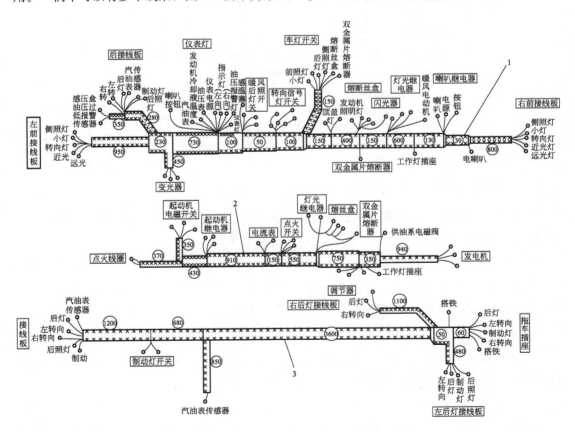

图8.4 东风EQ1090汽车全车电器系统线束图

○内数字为该段线束包扎的长度，单位为mm

1—驾驶室线束；2—电源、点火、起动线束；3—车架线束

8.2.6 插接器

插接器由插头和插座组成，是线路与各电器设备之间、线路与线路之间的连接部件。现代汽车由于采用了线间插接器，使线束设计的自由度增加，线束的数量也可较多，给安装、检修和更换带来了方便。

车上不同位置所用插接器的端子数目、几何尺寸和形状各不相同。为保证连接可靠，插接器设有锁止装置。大多数插接器具有良好的密封性，以防止油污、水及灰尘等进入而使端子锈蚀。在车辆电路图上插接器用特定的图形符号表示，不同国家、不同汽车公司插接器符号不同。图 8.5 所示为日本汽车插接器的图形符号。

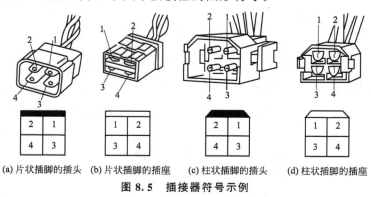

图 8.5 插接器符号示例

8.3 汽车电路图

8.3.1 汽车整车电路的组成

汽车整车电路通常由电源电路、起动电路、点火电路、照明与灯光信号装置电路、仪表信息系统电路、辅助装置电路和电子控制系统电路等组成。

1. 电源电路

电源电路也称充电电路，是由蓄电池、发电机、调节器及充电指示装置等组成的电路，电能分配（配电）及电路保护器件也可归入这一电路。

2. 起动电路

起动电路是由起动机、起动继电器、起动开关及起动保护电路组成的电路，也可将低温条件下起动预热的装置及其控制电路列入这一电路内。

3. 点火电路

电子控制点火电路主要由电源、点火线圈、点火控制器、内装信号发生器分电器、火花塞、点火开关等组成。根据信号发生器使用型式的不同，可分为磁感应式和霍尔式两种，其作用是根据发动机气缸的点火时刻产生相应的点火脉冲信号，控制点火控制器接通或切断点火线圈初级绕组电流通路的具体时刻。

微机控制点火电路主要由传感器、电子控制器(ECU)、点火控制器、点火线圈、点火开关、火花塞等组成，一般列入发动机电子控制系统中。

4．照明与信号电路

照明与信号电路由前照灯、雾灯、示廓灯、转向灯、制动灯、倒车灯等及其控制继电器和开关组成，主要任务是控制各种照明灯的启闭及各种信号的输出。

5．辅助电器电路

辅助电器电路由各种辅助电器及其控制继电器和开关等组成，主要任务是根据需要控制各种辅助电器的工作时机和工作过程。

6．电子控制系统电路

电子控制系统电路由电子控制器(ECU)根据车辆上所装用的电控系统采用不同的控制方式完成控制功能。

8.3.2 汽车电路图的分类

汽车电路图用于表示汽车电气线路的结构与电路原理，汽车电路图可分为原理图、布线图和线束图。

1．汽车电路原理图

汽车电路原理图用于表示汽车电系的电路工作原理，有整车电路原理图（图 8.6）和局部电路原理图[图 7.7(a)]。

（1）整车电路原理图。为了生产与教学的需要，常常需要尽快找到某条电路的始末，以便确定故障分析的路线。在分析故障原因时，不能孤立地仅局限于某一部分，而要将这一部分电路在整车电路中的位置及与相关电路的联系都表达出来。整车电路图的优点如下：

① 对全车电路有完整的概念，既是一幅完整的全车电路图，又是一幅互相联系的局部电路图。重点难点突出、繁简适当。

② 在此图上建立起电位高、低的概念：负极"－"接地（俗称搭铁），电位最低，可用图中的最下面一条线表示；正极"＋"电位最高，用最上面的那条线表示。电流的方向基本都是由上而下，路径是电源正极"＋"→开关→用电器→搭铁→电源负极"－"。

③ 尽可能减少电线的曲折与交叉，布局合理，图面简洁、清晰，图形符号考虑到元器件的外形与内部结构，便于读者联想、分析，易读、易画。

④ 各局部电路（或称子系统）相互并联且关系清楚，发电机与蓄电池间、各个子系统之间的连接点尽量保持原位，熔断器、开关及仪表等的接法基本上与原图吻合。

（2）局部原理图。为了弄清汽车电器的内部结构，各个部件之间相互连接的关系，弄懂某个局部电路的工作原理，常从整车电路图中抽出某个需要研究的局部电路，参照其他翔实的资料，必要时根据实地测绘、检查和试验记录，将重点部位进行放大、绘制并加以说明。这种电路图的用电器少、幅面小，看起来简单明了，易读易绘；其缺点是只能了解电路的局部。

2．布线图

布线图就是汽车电线在车上、线束中的分布图，如图 8.7 所示。布线图的优点：全车的电器（即电器设备）数量明显且准确，电线的走向清楚，有始有终，便于循线跟踪，查找

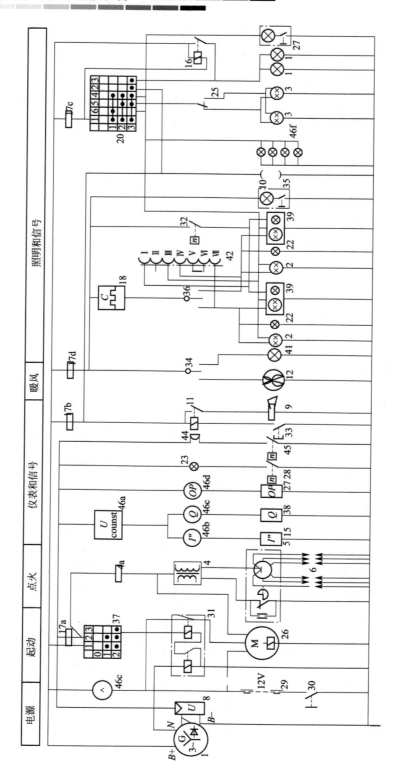

图 8.6 东风EQ1090型汽车电路原理图

起来比较方便。它按线束编制将电线分配到各条线束中去与各个插件的位置严格对号。在各开关附近用表格法表示了开关的接线与挡位控制关系，表示了熔断器与电线的连接关系，表明了电线的颜色与截面积。缺点：图上电线纵横交错，印制版面小则不易分辨，版面过大印装受限制；读图、画图费时费力，不易抓住电路重点、难点；不易表达电路内部结构与工作原理。

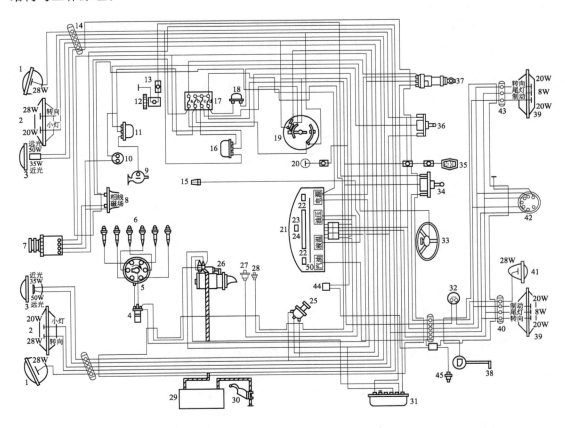

图 8.7　东风 EQ1090 型汽车的布线图

1—前侧灯；2—组合前灯；3—前照灯；4—点火线圈；4a—附加电阻；5—分电器；6—火花塞；7—交流发电机；8—交流发电机调节器；9—喇叭；10—工作灯插座；11—喇叭继电器；12—暖风电动机；13—接线板；14—五线接线板；15—冷却液温度传感器；16—灯光继电器；17—熔断丝盒；17a～17d—熔断丝；18—闪光器；19—车灯开关；20—发动机罩下灯；21—仪表板；22—左右转向指示灯；23—机油低压报警灯；24—车速里程表；25—变光开关；26—起动机；27—机油压力传感器；28—低油压报警开关；29—蓄电池；30—电源开关；31—起动组合继电器；32—制动灯开关；33—喇叭按钮；34—后灯和暖风电动机开关；35—驾驶室顶灯；36—转向开关；37—点火开关；38—燃油液面传感器；39—组合尾灯；40—四线接线板；41—后灯；42—挂车插座；43—二线接线板；44—低气压蜂鸣器；45—低气压报警开关

3. 线束图

线束图是将有关电器的导线汇合在一起组成线束，以便于在汽车上安装。整车电路线束图常用于汽车厂总装线和修理厂的连接、检修与配线。线束图主要表明线束各用电器的连接部位、接线柱的标记、线头、插接器(连接器)的形状及位置等。线束图分两种：线束结构图(图8.4)和线束定位与布置图(图8.8)。

线束定位图用于表达一条或几条电路线束的走向、连接点及线束固定等信息。线束位置图用于表达某个电路系统的线束及所连接电器部件的分布情况。

线束定位图和线束位置图直观、清晰地反映了汽车电路线束的布置和线束所连接器件的具体位置，并给出了各插接器端子的排列情况，给生产和检修提供了方便。

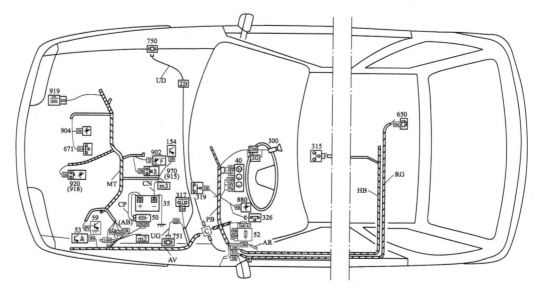

图8.8 富康汽车线束定位与布置图

35—蓄电池；40—仪表板；50—发动机盖下熔断器盒；52—驾驶室内熔断器盒；53—冷却液温度控制盒；300—点火开关；315—手制动灯开关；317—液面开关；319—制动灯开关；326—阻风门开关；650—燃油表传感器；671—机油压力传感器；750—左前制动摩擦片；751—右前制动摩擦片；880—仪表照明变阻器；915、919—冷却液温度传感器；59、154、902、904、918、920、970—未装备

8.3.3 汽车电路图的分析

1. 汽车全车线路布置的基本原则

(1) 汽车线路为单线制且负极搭铁。

(2) 各用电设备均并联并由各自的开关控制。

(3) 电流表必须能测量蓄电池充、放电电流的大小。因此凡由蓄电池供电时，电流都要经过电流表与蓄电池构成回路。但对用电量大而工作时间较短的起动机则例外，蓄电池供电时，其电流不经过电流表。

(4) 各车均装有保险装置,以防止短路而烧坏用电设备。

2. 汽车电路的表示

(1) 外线部分。外线部分以粗实线画出,集中在图的中间部分,每条线上都标明了导线的颜色、截面积,线端有接柱号或抽口号表示连接关系。

(2) 内部连接部分。内部连接部分在图上以细线画出。这部分连接的线路实际上是不存在的,画出线路只是为了说明连接关系。

(3) 电器元件部分。电器元件在电路图中是主体。电器元件在图中用框图辅以相应标号表示,每一个元件都有一个代号、电器元件的接线点都用标号标出。标号在元件上可以找到。

(4) 继电器、熔断器及其连接部分。这一部分表示在图的上部,反映的内容有继电器位置号、继电器名称、继电器盘上插接件符号、熔断器标号及熔断器容量。

3. 汽车全车线路的接线规律

汽车线路一般采用单线制、用电设备并联、负极搭铁、线路有颜色和编号加以区分,并以点火开关为中心将全车电路分成几条主干线。

(1) 蓄电池火线(30号线):从蓄电池正极引出直通熔断器盒,也有汽车的蓄电池火线接到起动机火线接线柱上,再从那里引出较细的火线。

(2) 点火开关火线(15号线):点火开关在ON(工作)和ST(起动)位才有电的电线,必须有汽车钥匙才能接通点火系统、励磁电路、仪表系统、指示灯、信号系统、电子控制系统重要电路。

(3) 附件火线(Acc线):用于发动机不工作时需要接入的电器,如收放机、点烟器等。点火开关单独设置一挡予以供电,但发动机运行时收音机等仍需接入与点火仪表指示灯等同时工作,所以点火开关触刀与触点的接触结构要作特殊设计。

(4) 起动控制线(ST线或50号线):起动机主电路的控制开关(触盘)常用磁力开关来通断。磁力开关的吸引线圈、保持线圈可以由点火开关的起动挡控制。装有自动变速器的轿车,为了保证空挡起动,常在50号线上串有空挡开关。

(5) 搭铁线(接地线或31号线):搭铁点分布在汽车全身,由于不同金属相接(如铁、铜与铝、铅与铁),形成电极电位差,有些搭铁部位容易沾染泥水、油污或生锈,有些搭铁部位是很薄的钣金件,很可能引起搭铁不良,如灯不亮、仪表不起作用、喇叭不响等。要将搭铁部位与火线接点同等重视,所以现代汽车局部采用双线制,设有专门公共搭铁接点,编绘专门搭铁线路图。

4. 纵观"全车",眼盯"局部",由"集中"到"分散"

全车电路一般都是由各个局部电路所构成的,它表达了各个局部电路之间的连接和控制关系。要把局部电路从全车电路总图中分割出来,就必须掌握各个单元电路的基本情况和接线规律。

汽车电路的基本特点是单线制、负极搭铁、各用电器互相并联。各单元(局部)电路,如电源系统、起动系统、点火系统、照明系统、信号系统、仪表系统等都有其自身的一些特点,看电路要以其自身的特点为指导,去分解并研究全车电路。

5. 抓住"开关"的作用,找出开关所控制的"对象"

开关是控制电路通断的关键,特别注意继电器不但是控制开关也是被控制对象。电路中主要的开关往往汇集许多导线,读图时应注意以下几点:

汽车电器与电子设备

（1）在开关的许多接线柱中，弄清楚哪些是直接电源的，哪些是接用电器的；接线柱旁是否有接线符号，这些符号是否常见。

（2）明白开关共有几个挡位；在每个挡位中，哪些接线柱通电，哪些断电。

（3）清楚蓄电池或发电机的电流是通过什么路径到达这个开关的，中间是否经过别的开关和熔断器，这个开关是手动的还是电控的。

（4）了解各个开关分别控制哪个用电器，被控用电器的作用和功能是什么。

（5）在被控的用电器中，哪些电器处于常通，哪些电器处于短暂接通，哪些应先接通，哪些应后接通，哪些应单独工作，哪些应同时工作，哪些电器允许同时接通。

6. 寻找电流的"回路"，形成"通路"

对于汽车电路而言，电流总是要从电源的正极出发，通过导线，经熔断器、开关到达用电设备，再经过导线（或搭铁）回到同一电源的负极，在这一过程中，只要有一个环节出现错误，此电路就不会正确、有效。

例如，在汽车电路中，发电机和蓄电池都是电源，在寻找回路时，不能混为一谈。不能从一个电源的正极出发，经过若干用电设备后，回到另一个电源的负极。这种做法，不会构成一个真正的通路，也不会产生电流。所以必须强调，回路是指从一个电源的正极出发，经过用电设备，回到同一电源的负极。

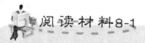

汽车电路的检修

1. 汽车电器与电子系统故障诊断的一般程序和方法

第一步，验证车主（用户）所反映的情况，并注意通电后的各种现象。在动手拆检之前，尽量缩小故障产生的范围。

第二步，分析电路原理图，弄清电路的工作原理，对问题所在作出推断。

第三步，重点检查问题集中的线路或部件，验证第二步作出的推断。

第四步，进一步进行诊断与检修，常用检修方法如下：

直观法：通过直观（高温、冒烟、火花、断接等）检查来发现明显故障，提高检修速度。

检查保险装置法：如某电器突然停止工作，应先查该支路上的保险装置是否动作，若动作应查明原因并检修后恢复保险装置。

试灯法：用一个汽车灯泡作为临时试灯，检查线束是否开路或短路，电器有无故障。

短路法：用一根导线将某段导线或电器短接后观察用电器的变化。

替换法：将被怀疑部件用已知完好的部件替换，验证怀疑是否正确。

模拟法：用于对各种传感器信号、指示机构工况的判断，运用此法必须熟悉汽车的电路参数。

第五步，验证电路是否恢复正常。

2. 汽车电路故障诊断与检修注意事项

（1）拆卸蓄电池时，总是最先拆下负极（一）电缆；装上蓄电池时，总是最后连接负极(一)电缆。

(2) 不允许使用欧姆表及万用表的 $R \times 100$ 以下低阻欧姆挡检测小功率晶体管,以免电流过载损坏它们。

(3) 拆卸和安装元件时,应切断电源。宜使用相同恒温或小于 75W 的电烙铁。

(4) 更换烧坏的保险装置时,应使用相同规格的保险装置。使用比规定容量大的保险装置会导致电器损坏或产生火灾。

(5) 靠近振动部件(如发动机)的线束部分应用卡子固定,将松弛部分拉紧,以免由于振动造成线束与其他部件接触。

(6) 不要粗暴地对待电器,也不能随意乱扔。无论好坏器件,都应轻拿轻放。

(7) 与尖锐边缘磨碰的线束部分应用胶带缠起来,以免损坏。安装固定零件时,应确保线不被夹住或被破坏。安装时,应确保插接头插接牢固。

(8) 进行保养时,若温度超过 80℃(如进行焊接时),应先拆下对温度敏感的零件(如继电器和 ECU)。

习 题

一、填空题

1. 常用的汽车线路电气元件有_____、_____、_____、_____、_____和_____。
2. 汽车电路图可分为_____、_____和_____ 3 种。
3. 汽车常用的保护装置有_____、_____和_____等。
4. 汽车上常用的开关有_____、_____和_____。

二、名词解释

1. 单线制
2. 搭铁
3. 负极搭铁
4. 正极搭铁
5. 线束

三、思考题

1. 简述汽车电气设备线路的特点。
2. 简述继电器的作用。
3. 简述汽车整车电路的组成及各部分的作用。
4. 线束图、原理图和布线图各有什么优缺点?
5. 怎样分析汽车电路图?

第9章 汽车多媒体系统

本章学习目标

了解汽车导航系统的功能、组成；
熟悉汽车音响系统的组成、工作原理。

本章教学要点

知识要点	能力要求	相关知识
汽车导航系统	掌握汽车导航系统的组成、工作原理	GPS接收天线、GPS接收机、地面监测站
汽车音响系统	掌握汽车音响系统的组成、工作原理	收音机及天线、功率放大器、扬声器 CD/VCD/DVD、MP3

导入案例

汽车互联的未来在何处呢?显然不止局限于车辆和移动终端之间的操作,构建全新的交通出行模式才是互联多媒体系统更准确的未来。在2014年年初的CES大会上,汽车厂商联手IT、互联网厂商推出的新产品足以印证这一点,比如谷歌与通用、本田、奥迪、现代和NVIDIA联合宣布成立"开放汽车联盟",欲将谷歌的开源系统应用于汽车领域;沃尔沃和爱立信合作的"云服务"等。未来,在车载互联多媒体系统上查看路口红绿灯的等待时间、航班起降时间或预定一份午餐都将会实现。构建云服务后,用户可查看3D动态地图、找停车位、支付小额费用,甚至远程控制汽车。

汽车音响设备是最早应用在汽车上的电子产品,虽说只是一种辅助性设备,对汽车的运行性能没有影响,但随着人们对享受指标要求的越来越高,汽车制造商对汽车音响设备的应用也日益重视。经过80多年的发展,它已经由最初的汽车收音机演变成集视听娱乐、通信导航、辅助驾驶等多种功能于一体的综合性多媒体车载电子系统,成为未来汽车上一个不可缺少的组成部分和作为评价汽车舒适性的依据之一。

汽车多媒体系统通过中控台上液晶显示屏、后视镜和后排多媒体影音系统,可以为车辆的前排和后排驾乘人员提供包括行车电脑、卫星导航、倒车影像、夜视行车、盲区监视、轮胎的气压监测、蓄电池能量等信息,提供音响、各种音频接口、收看电视节目和Internet浏览、电子信息收发、全球移动通信系统服务,即包含全方位后视、智能免提、GPS定位、车载移动商务系统和娱乐资讯等功能。

9.1 汽车导航系统

汽车导航系统又叫汽车GPS(Global Positioning System),是车辆道路交通信息通信系统。

9.1.1 汽车导航系统的功能

汽车导航系统主要有两大功能:一个是汽车踪迹监控功能,只要将已编码的GPS接收装置安装在汽车上,该汽车无论行驶到任何地方都可以在计算机控制中心的电子地图上指示出它的所在方位;另一个是驾驶指南功能,车主可以将各个地区的交通线路电子图存储在软盘上,只要在车上的接收装置中插入软盘,显示屏上就会立即显示出该车所在地区的位置及目前的交通状态,既可输入要去的目的地,预先编制出最佳行驶路线,又可接收计算机控制中心的指令,选择汽车行驶的路线和方向。导航系统的显示屏是一个地图画面,输入目的地后,一个箭头指示汽车要走的方向。

9.1.2 汽车电子导航系统的组成与原理

汽车导航系统由GPS卫星、车载部分和地面控制等组成,如图9.1所示。

1. GPS定位原理

GPS系统由3个独立的部分组成,即空间部分、地面支撑系统和用户设备部分。

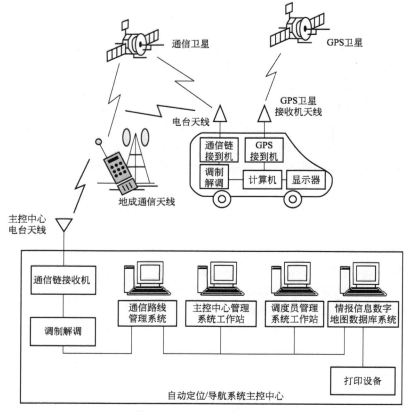

图 9.1　汽车导航系统结构

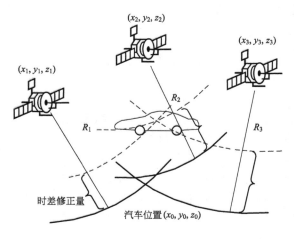

图 9.2　GPS 汽车位置定位原理

空间部分：21 颗工作卫星，3 颗备用卫星。

地面支撑系统：1 个主控站，3 个注入站，5 个监测站。

用户设备部分：接收 GPS 卫星发射信号，以获得必要的导航和定位信息，经数据处理，完成导航和定位工作。GPS 接收机硬件一般由主机、天线和电源组成。

GPS 定位系统利用卫星基本三角定位原理(图 9.2)，由 GPS 接收装置先找到 3 颗以上空中卫星的所在位置，再计算每颗卫星与接收器之间的距离，即可得出接收器在三维空间中的坐标值。

如图 9.2 所示，汽车接收到 GPS 卫星发出的精确电波发射时刻和位置信息，获取电波传播时间，根据无线电波传播速度(3×10^8 m/s)，就可以计算出汽车与 3 个卫星之间的距离，以 3 个不同卫星为中心的球面相交点就是汽车所处的位置。

设汽车的坐标为(x_0，y_0，z_0)，3 个卫星位置分别为(x_i，y_i，z_i)，$i=1,2,3$，则有方程：

$$R_i = \sqrt{(x_i-x_0)^2+(y_i-y_0)^2+(z_i-z_0)^2} \qquad (9-1)$$

$$R_i = C \cdot t \qquad (9-2)$$

式中　R_i——各卫星到汽车的距离；
　　　C——无线电波传播速度，与光速相等；
　　　t——各卫星电波传到汽车所用时间(s)。

求解方程组后就可以得出汽车的位置坐标，当出现接收信息时钟误差使 3 个球面无法相交时，则可利用第 4 个卫星的信息进行修正。

2. 地面控制

地面控制部分由一个主控站，5 个全球监测站和 3 个地面控制站组成。监测站均配装有精密的铯钟和能够连续测量到所有可见卫星的接收机。监测站通过主控中心电台天线取得的卫星观测数据包括电离层和气象数据，经过初步处理后，传送到主控工作站。主控工作站从各监测站收集跟踪数据，计算出卫星的轨道和时钟参数，然后将结果送到 3 个地面控制站。地面控制站在每颗卫星运行至上空时，把这些导航数据及主控站指令注入到卫星。这种注入对每颗 GPS 卫星每天一次，并在卫星离开注入站作用范围之前进行最后的注入。如果某地面站发生故障，那么在卫星中预存的导航信息还可用一段时间，但导航精度会逐渐降低。

3. 车载导航设备

汽车导航系统车载部分由 GPS 接收天线、GPS 接收机、计算机、液晶显示器、位置检测装置（绝对位置检测和相对位置检测）等组成，如图 9.3 所示。

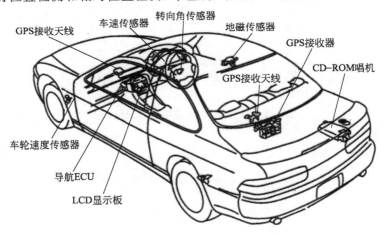

图 9.3　汽车电子导航系统组成

系统中的位置检测、地图显示、线路搜寻用的数据经过整备，形成数字式道路地图数据库存储在 CD-ROM 中，应用光导纤维连接技术，高速传送来自光盘驱动器的数据。计算机则对 CD-ROM 光盘内的地图数据通过光盘驱动器进行读出，并在显示器触发器上加以描述，然后转变为音频信号，传输到液晶显示器中，在显示器上获得以车辆位置为中心的高分辨率、彩色液晶图像画面。

汽车导航系统内部装有储存大量电子地图信息的 CD-ROM，通过 GPS 卫星信号确定的位置坐标与此相匹配，便可确定汽车在电子地图中的准确位置。在此基础上，将会实现行车导航、路线推荐、信息查询、播放等多种功能。一台 GPS 接收机被安装在车上，接收高达 11 颗卫星的信号。这些信号用来精确确定车辆的位置。车载传感器通常包括测量转弯速率的陀螺仪、输出电子速度脉冲的测速计及测量方向的罗盘。这些数据被用来进行航位推算，以便确定车辆相对道路的运动。导航用电子地图在整个汽车导航应用体系中起到核心的作用，针对不同导航应用往往会采用不同规格的电子地图。通常电子地图由记录实际地物的地理数据和与实际地物相关的标识、整饰信息及各类附加信息组成。图 9.4 是 NISSAN 新天籁导航系统电路图。

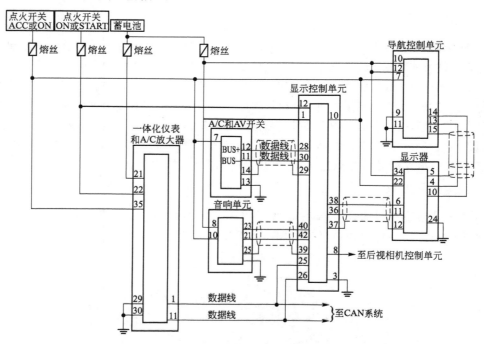

图 9.4　NISSAN 新天籁导航系统电路图

9.2　汽车音响娱乐系统

9.2.1　汽车音响系统的工作原理

图 9.5 所示为汽车音响系统的工作原理，图 9.6 所示为带触摸屏汽车音响娱乐系统的工作原理图。收音机、CD、DAT、MD、MP3、DVD、VCD 等信号经多媒体主机处理后，通过功率放大器放大后，控制扬声器播放。

9.2.2　收音机及天线

收音机是无线电接收装置，专门接收广播节目。一般接收的信号有调幅和调频两种，调幅又分中波和短波。磁带放音机一般由机芯、电动机、磁头及放音降噪电路、自动选曲电路

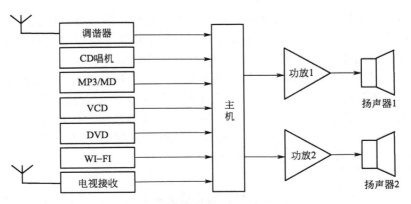

图 9.5 汽车音响娱乐系统的工作原理

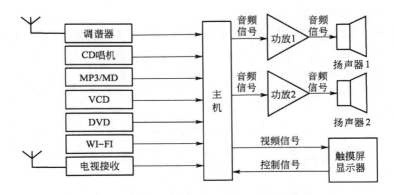

图 9.6 带触摸屏汽车音响娱乐系统的工作原理

等组成。图 9.7 所示为收放机的基本原理,电路部分由收音/放音、音量/音调平衡电路及音频功率放大器组成。当开关 S 的①、③脚接通时,收音电路工作;当开关 S 的②、③脚接通时,放音电路工作。功率放大电路将收音信号或放音信号经过放大后驱动扬声器发出声音。

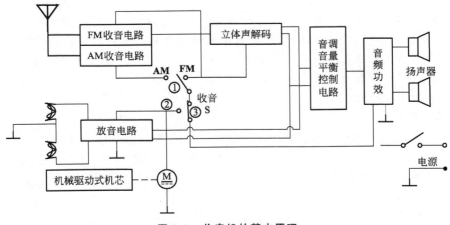

图 9.7 收音机的基本原理

汽车电器与电子设备

传统的磁带放音机采用的是机械式机芯，机械式磁带放音机噪声大，抗振能力差，容易磨损，但具有结构简单、价格低的优点。目前汽车使用的可编程控制式磁带放音机通过电子控制使继电器、电动机动作，从而完成对磁带走带状态的控制。其优点是可自动进行同一曲重放、择曲播放等高级控制功能，缺点是结构较复杂、成本高。

收音机通过接收天线接收电波信号传输到主机。早期的调幅（FM）收音机的天线一般用条状的铁氧体磁棒做天线安装在接收机内部。调频（AM）收音机的天线都是安装在车外，随着收音灵敏度等参数的提高，现状都是用调频和调幅共用的拉杆天线、导线天线（家用收音机）、汽车有特别的玻璃天线（镀在玻璃上的银化合物天线）等。

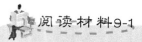
阅读材料9-1

世界收音机发展史

1. 矿石收音机

矿石收音机是指用天线、地线及基本调谐回路和矿石做检波器而组成的没有放大电路的无源收音机，是最简单的无线电接收装置，主要用于中波公众无线电广播的接收。1910年，美国科学家邓伍迪和皮卡尔德用矿石来做检波器，故由此而得名。

由于矿石收音机无需电源，结构简单，深受无线电爱好者的青睐，至今仍有不少爱好者喜欢自己制作和研究。但它只能供一人收听，而且接收性能也比较差。当时客观上也制约了无线电广播的普及和发展。

1923年1月23日，美国人在上海创办中国无线电公司，播送广播节目，同时出售收音机，以美国出品最多，其种类一是矿石收音机，二是电子管收音机。

2. 电子管收音机

1904年，世界上第一只电子管在英国物理学家弗莱明的手下诞生。人类第一只电子管的诞生，标志着世界从此进入了电子时代。

电子管是一种在气密性封闭容器（一般为玻璃管）中产生电流传导，利用电场对真空中电子流的作用以获得信号放大或振荡的电子器件。电子管是电子时代的鼻祖，电子管发明以后，使收音机的电路和接收性能发生了革命性的进步和完善。

1930年以前，几乎所有的电子管收音机都是采用两组直流电源供电，一组作灯丝电源，一组作阳极电源，而且耗电较大，用不了多长时间就需要更换电池，因此收音机的使用成本较高。1930年前后，使用交流电源的收音机研制成功，电子管收音机才较大范围地走进人们的家庭。但是由于电子管体积大、功耗大、发热厉害、寿命短、电源利用效率低、结构脆弱而且需要高压电源的缺点，现在它的绝大部分用途已经基本被固体器件晶体管所取代。

3. 晶体管收音机

晶体管是一种固体半导体（金、银、铜、铁等金属，它们导电性能好，叫做导体。木材、玻璃、陶瓷、云母等不易导电，叫做绝缘体。导电性能介于导体和绝缘体之间的物质，就叫半导体。晶体管就是用半导体材料制成的，这类材料最常见的便是锗和硅两种）。器件，可以用于检波、整流、放大、开关、稳压、信号调制和许多其他功能。1947年12月23日，第一块晶体管在美国贝尔实验室诞生，这是20世纪的一项重大发明，是微电子革命的先声，从此人类步入了飞速发展的电子时代。

晶体管收音是一种小型的基于晶体管的无线电接收机。1954年10月18日，世界上第一台晶体管收音机投入市场，仅包含4只锗晶体管。在晶体管出现以后，收音机才开始真正普及。我国在20世纪50年代末开始研制晶体管收音机，并在70年代形成生产高潮。德国根德、日本索尼、荷兰菲利普及国产的红灯、牡丹、熊猫等著名品牌的老收音机，就是这段历史的佐证。1958年，我国第一部国产半导体收音机研制成功。

晶体管收音机以其耗电少，不需交流电源，小巧玲珑，使用方便而赢得人民的喜爱，并逐渐在市场上占据了主导地位，并成为最普及和廉价的电子产品。

晶体管是现代历史中最伟大的发明之一，晶体管发明以后，电子学取得了突飞猛进的进步。尤其是PN结型晶体管的出现，开辟了电子器件的新纪元，引起了一场电子技术的革命。

4. 集成电路收音机

1958年9月12日，基尔比研制出世界上第一块集成电路。从此，集成电路逐渐取代了晶体管，使微处理器的出现成为可能，奠定了现代微电子技术的基础，也为现代信息技术奠定了基础，开创了电子技术历史的新纪元。

在一块几平方毫米的极其微小的半导体晶片上，将成千上万的晶体管、电阻、电容及其连接线做在一起，作为一个具有一定电路功能的器件来使用的电子元件，叫做"集成电路"。集成电路具有体积小，质量轻，引出线和焊接点少，寿命长，可靠性高，性能好等优点，同时成本低，便于大规模生产。本质上，集成电路是最先进的晶体管，集成电路使电子元件向着微小型化、低功耗和高可靠性方向发展迈进了一大步。用集成电路来装配电子设备，其装配密度比晶体管可提高几十倍至几千倍，设备的稳定工作时间也可大大提高。

我国在1982年，出现了集成电路收音机。

5. DSP收音机

DSP收音机就是由天线感应接收无线电模拟信号后，在同一块芯片里放大，然后转化为数字信号，再对数字信号进行处理，最后还原成模拟音频信号输出的新型收音机。DSP技术的本质是用"软件无线电"代替"硬件无线电"，它大大降低了收音机制造业的门槛。

2006年美国芯科实验室首次研发出DSP技术收音机芯片，同年，全球规模最大的收音机制造商深圳凯隆电子有限公司与美国芯科实验室合作，开发出世界上第一台DSP收音机——KK-D48L。2007年，深圳凯隆电子有限公司在深圳与上海组建DSP技术研发实验室。2009年，具有完全自主知识产权的中、低端性能国产DSP收音机芯片诞生，从此，DSP收音机进入普及时代。

9.2.3 CD/VCD/DVD

CD唱机，即激光唱机，是用来播放激光唱片的设备。它是融激光技术、精密伺服技术、微处理器技术和大规模集成电路为一体的高档多媒体系统设备。

VCD机是用来播放激光影碟的设备。VCD影碟机激光拾音器工作方式同CD激光唱机一样，机芯是通用的，目前CD机芯主要以飞利浦机芯和索尼机芯为主。但由于VCD碟片上刻录的是压缩了的数字化音视信号，因此，VCD影碟机与CD激光唱机唯一的不同是增加了数字化音视信号解压缩功能,并分别经数模变换后输出模拟的声音和图像信号。VCD 影碟机兼容了 CD 唱机的功能。

DVD 是 Digital Video Disc(数字视频光盘)的缩写,可以支持读取 CD、HDCD、VCD、DVD、CD－R、WMA、MP3、JPEG、MPEG4 等格式的碟片。

9.2.4　MP3

MP3(Moving Picture Experts Group Audio Layer Ⅲ,动态影像专家压缩标准音频层面 3)是一种音频压缩技术,利用 MPEG Audio Layer Ⅲ 的技术,将音乐以 1∶10 甚至 1∶12 的压缩率,压缩成容量较小的文件,而对于大多数用户来说重放的音质与最初的不压缩音频相比没有明显的下降。汽车上一般不单独装用 MP3 唱机,而是在 CD 机内集成了 MP3 播放功能,用于播放 MP3 节目。目前,汽车电子系统和通信装置正向网络化发展,装备一套具有 MP3 功能的多媒体系统,车主可以通过互联网下载自己喜爱的歌曲,使得汽车多媒体系统的个性化得到了充分的发挥。

9.2.5　功率放大器

功率放大器的基本作用是将音频信号进行功率放大。按功率放大器所用器材进行分类,可分为以下 3 类。

1. 电子管放大器

电子管放大器俗称"胆机"。电子管作为放大器的主要优点是动态范围大,线性好,音色美、悦耳温顺,适合播放古典音乐。电子管放大器的缺点是内阻大,导致放大器阻尼系数小,影响瞬态特性;需要高压供电,离不开变压器,变压器功耗大,还会导致失真,而且体积大。由于汽车里面使用环境恶劣(高温、振动、电源等问题),从而很大程度限制了电子管放大器在汽车音响系统中的使用,因此现在并不流行。

2. 晶体管放大器

晶体管放大器克服了电子管放大器的两个缺点,其阻尼系数可做得很高,有良好的瞬态特性,在声音的节奏感、力度上要比电子管放大器明亮、爽朗、有力,适合播放现在音乐;无需变压器,不仅节省成本、缩小体积,而且避免了由变压器所引起的失真。晶体管放大器是现在汽车音响放大器的主流产品,其品种繁多、档次齐全是车主选用的主要产品。

3. 集成电路放大器

集成电路放大器最突出的特点是可靠性高,外围电路简单,组装方便。不足之处是临时性声指标(功率、频响、失真度、信噪比等)和音质皆不如分立元件组成的放大器,主要用在主机内的功放级别上。

图 9.8 所示为 IC101 功率放大电路。

9.2.6　扬声器

扬声器俗称喇叭,是将电能变成声波的机件。汽车音响使用低阻抗的扬声器,这是因为汽车音响使用的电源比较低,要得到大的功率,一般都会用 1~4Ω 的低阻抗扬声器提高输出功率。

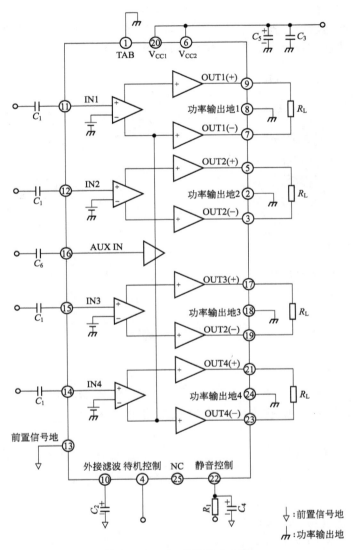

图 9.8　IC101 功率放大电路

扬声器的种类很多,按换能机理可分为电动式(动圈式)、压电式等。电动式扬声器结构如图 9.9 所示,当音频信号电流流经扬声器的音圈时,音圈中音频电流产生的交变磁场与永久磁体产生的强恒磁场相互作用使音圈发生机械振动,将电能转换成机械能,而音圈的振动则带动振膜,使周围的空气出现相应振动,将机械能再转换成声能。电动式扬声器具有结构简单、频响宽和失真小的特点,因此在扬声器系统中应用最为广泛。

压电式扬声器结构如图 9.10 所示,是利用钛酸铅等压电陶瓷材料做成的陶瓷片的压电效应而做成的。即给陶瓷片表面加上音频电压时,陶瓷片就会产生与音频电压相应的机械振动,再将此振动转为纸盆的振动,使周围的空气发生振动,从而产生声音。压电式扬声器的构造比较简单,既不用线圈也不用磁铁,因此,生产极为方便,价格也最为便宜。但是这种扬声器的频率特性较差,音质不好。

扬声器按阻抗可分为 4Ω、8Ω、16Ω 等扬声器；按外形可分为圆形和椭圆形扬声器；按口径，圆形和椭圆形扬声器又可分为不同口径系列。一般来讲，扬声器口径越大，其功率也越大，低频特性也越好，但高频特性相对较差。

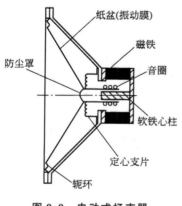

图 9.9　电动式扬声器

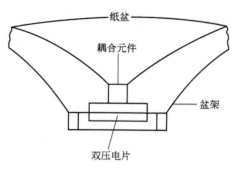

图 9.10　压电式扬声器

习　题

一、填空题

1. 利用卫星定位导航系统信息来完成对各种目标的 _____ 、 _____ 和 _____ 等。

2. 汽车音响系统分为信号元 _____ 、 _____ 三大部分。

3. 汽车导航系统由 _____ 、 _____ 、 _____ 和 _____ 等组成。

二、简答题

1. GPS 的应用领域有哪些？
2. GPS 接收机的的基本组成是什么？
3. GPS 的功能有哪些？
4. 安装汽车音响时对隔音材料有哪些要求？

参 考 文 献

［1］ 张克明. 汽车电气与电子技术 ［M］. 北京：机械工业出版社，2014.
［2］ 司景萍，高志鹰. 汽车电器及电子控制技术 ［M］. 北京：北京大学出版社，2012.
［3］ 李志超. 汽车电气与电子设备 ［M］. 合肥：合肥工业大学出版社，2011.
［4］ 麻友良. 汽车电器与电子控制系统 ［M］. 北京：机械工业出版社，2007.
［5］ 鲁植雄，赵兰英. 汽车多媒体和导航系统结构原理与维修 ［M］. 南京：江苏科学技术出版社，2007.
［6］ 凌永成，李淑英. 汽车电气设备 ［M］. 2 版. 北京：北京大学出版社，2010.
［7］ 史立伟，张少洪，张学义. 汽车电器 ［M］. 北京：国防工业出版社，2011.
［8］ 倪爱勤. 汽车电气 ［M］. 北京：机械工业出版社，2011.
［9］ 杨洪坤. 汽车电气 ［M］. 上海：复旦大学出版社，2012.
［10］ 李烨，曾小山. 汽车电气构造与维修 ［M］. 北京：北京理工大学出版社，2010.

北京大学出版社汽车类教材书目

序号	书 名	标准书号	著作者	定价	出版日期
1	汽车构造(第2版)	978-7-301-19907-7	肖生发，赵树朋	56	2014.1
2	汽车构造(上册)	978-7-301-28803-0	肖生发，郭一鸣	36	2017.10
3	汽车构造(下册)	978-7-301-29170-2	肖生发，郭一鸣	35	2018.2
4	汽车构造学习指导与习题详解	978-7-301-22066-5	肖生发	26	2014.1
5	汽车发动机原理(第2版)	978-7-301-21012-3	韩同群	42	2013.5
6	汽车设计	978-7-301-12369-0	刘涛	45	2008.1
7	汽车运用基础	978-7-301-13118-3	凌永成，李雪飞	26	2008.1
8	现代汽车系统控制技术	978-7-301-12363-8	崔胜民	36	2008.1
9	汽车电气设备实验与实习	978-7-301-12356-0	谢在玉	29	2008.2
10	汽车试验测试技术(第2版)	978-7-301-25436-3	王丰元，邹旭东	36	2015.3
11	汽车运用工程基础(第2版)	978-7-301-21925-6	姜立标	34	2016.3
12	汽车制造工艺(第2版)	978-7-301-22348-2	赵桂范，杨 娜	40	2013.4
13	车辆制造工艺	978-7-301-24272-8	孙建民	45	2014.6
14	汽车工程概论	978-7-301-12364-5	张京明，江浩斌	36	2008.6
15	汽车运行材料(第2版)	978-7-301-22525-7	凌永成	45	2015.6
16	汽车运动工程基础	978-7-301-25017-4	赵英勋，宋新德	38	2014.10
17	汽车试验学	978-7-301-12358-4	赵立军，白 欣	28	2014.7
18	内燃机构造	978-7-301-12366-9	林 波，李兴虎	26	2014.12
19	汽车故障诊断与检测技术	978-7-301-13634-8	刘占峰，林丽华	34	2013.8
20	汽车维修技术与设备(第2版)	978-7-301-25846-0	凌永成	36	2015.6
21	热工基础(第2版)	978-7-301-25537-7	于秋红，鞠晓丽等	45	2015.3
22	汽车检测与诊断技术	978-7-301-12361-4	罗念宁，张京明	30	2009.1
23	汽车评估(第2版)	978-7-301-26615-1	鲁植雄	38	2016.1
24	汽车车身设计基础	978-7-301-15619-3	王宏雁，陈君毅	28	2009.9
25	汽车车身轻量化结构与轻质材料	978-7-301-15620-9	王宏雁，陈君毅	25	2009.9
26	车辆自动变速器构造原理与设计方法	978-7-301-15609-4	田晋跃	30	2009.9
27	新能源汽车技术(第2版)	978-7-301-23700-7	崔胜民	39	2015.4
28	工程流体力学	978-7-301-12365-2	杨建国，张兆营等	35	2011.12
29	高等工程热力学	978-7-301-16077-0	曹建明，李跟宝	30	2010.1
30	汽车电气设备(第3版)	978-7-301-27275-6	凌永成	47	2016.8
31	汽车电气设备	978-7-301-24947-5	吴焕芹，卢彦群	42	2014.10
32	汽车电器与电子设备	978-7-301-25295-6	唐文初，张春花	26	2015.2
33	现代汽车发动机原理	978-7-301-17203-2	赵丹平，吴双群	35	2013.8
34	现代汽车新技术概论(第3版)	978-7-301-29296-9	田晋跃	48	2018.3
35	现代汽车排放控制技术	978-7-301-17231-5	周庆辉	32	2012.6
36	汽车服务工程(第3版)	978-7-301-28508-4	鲁植雄	46	2017.8
37	汽车使用与管理	978-7-301-18761-6	郭宏亮，张铁军	39	2013.6
38	汽车数字开发技术	978-7-301-17598-9	姜立标	40	2010.8
39	汽车人机工程学	978-7-301-17562-0	任金东	35	2015.4
40	专用汽车结构与设计	978-7-301-17744-0	乔维高	45	2014.6
41	汽车空调	978-7-301-18066-2	刘占峰，宋 力等	28	2013.8
42	汽车空调技术	978-7-301-23996-4	麻友良	36	2014.4
43	汽车CAD技术及Pro/E应用	978-7-301-18113-3	石沛林，李玉善	32	2015.4
44	汽车振动分析与测试	978-7-301-18524-7	周长城，周金宝等	40	2011.3
45	新能源汽车概论(第2版)	978-7-301-25633-6	崔胜民	37	2016.3

序号	书　名	标准书号	著作者	定价	出版日期
46	新能源汽车基础	978-7-301-25882-8	姜顺明	38	2015.7
47	汽车空气动力学数值模拟技术	978-7-301-16742-7	张英朝	45	2011.6
48	汽车电子控制技术(第3版)	978-7-301-27262-6	凌永成	46	2017.1
49	车辆液压传动与控制技术	978-7-301-19293-1	田晋跃	28	2015.4
50	车辆悬架设计及理论	978-7-301-19298-6	周长城	48	2011.8
51	汽车电器及电子控制技术	978-7-301-17538-5	司景萍，高志鹰	58	2012.1
52	汽车车身计算机辅助设计	978-7-301-19889-6	徐家川，王翠萍	35	2012.1
53	现代汽车新技术(第3版)	978-7-301-29327-0	姜立标	59	2018.4
54	电动汽车测试与评价	978-7-301-20603-4	赵立军	35	2012.7
55	电动汽车结构与原理	978-7-301-20820-5	赵立军，佟钦智	35	2015.1
56	二手车鉴定与评估	978-7-301-21291-2	卢　伟，韩　平	36	2015.4
57	汽车微控制器结构原理与应用	978-7-301-22347-5	蓝志坤	45	2013.4
58	汽车振动学基础及其应用	978-7-301-22583-7	潘公宇	29	2015.2
59	车辆优化设计理论与实践	978-7-301-22675-9	潘公宇，商高高	32	2015.2
60	汽车专业英语	978-7-301-23187-6	姚　嘉，马丽丽	36	2013.8
61	车辆底盘建模与分析	978-7-301-23332-0	顾　林，朱　跃	30	2014.1
62	汽车安全辅助驾驶技术	978-7-301-23545-4	郭　烈，葛平淑等	43	2014.1
63	汽车安全	978-7-301-23794-6	郑安文	45	2015.4
64	汽车安全概论	978-7-301-22666-7	郑安文，郭健忠	35	2015.10
65	汽车系统动力学与仿真	978-7-301-25037-2	崔胜民	42	2014.11
66	汽车营销学	978-7-301-25747-0	都雪静，安惠珠	50	2015.5
67	车辆工程专业导论	978-7-301-26036-4	崔胜民	35	2015.8
68	汽车保险与理赔	978-7-301-26409-6	吴立勋，陈立辉	32	2016.1
69	汽车理论	978-7-301-26758-5	崔胜民	32	2016.1
70	新能源汽车动力电池技术	978-7-301-26866-7	麻友良	42	2016.3
71	汽车车身控制系统	978-7-301-27023-3	杭卫星	28	2016.5
72	汽车发动机管理系统	978-7-301-27083-7	贝绍轶	28	2016.6
73	汽车底盘控制系统	978-7-301-27693-8	赵景波	32	2016.11
74	汽车底盘机械系统	978-7-301-27270-1	李国庆	28	2016.7
75	现代汽车新技术(第2版)	978-7-301-27425-5	姜立标	57	2016.8
76	汽车新能源与排放控制(双语教学版)	978-7-301-27589-4	周庆辉	35	2016.10
77	汽车新技术	978-7-301-27692-1	邹乃威，周大帅	46	2016.11
78	汽车发动机机械系统	978-7-301-27786-7	李国庆	28	2016.12
79	道路交通安全	978-7-301-27868-0	郑安文	50	2017.1
80	共享汽车概论	978-7-301-28491-9	李　旭等	42	2017.8
81	车辆试验设计与数据处理	978-7-301-28660-9	张京明	49	2017.8

如您需要更多教学资源如电子课件、电子样章、习题答案等，请登录北京大学出版社第六事业部官网www.pup6.cn搜索下载。

如您需要浏览更多专业教材，请扫下面的二维码，关注北京大学出版社第六事业部官方微信(微信号：pup6book)，随时查询专业教材、浏览教材目录、内容简介等信息，并可在线申请纸质样书用于教学。

感谢您使用我们的教材，欢迎您随时与我们联系，我们将及时做好全方位的服务。联系方式：010-62750667，童编辑，13426433315@163.com，pup_6@163.com，lihu80@163.com，欢迎来电来信。客户服务QQ号：1292552107，欢迎随时咨询。